本書の特長と使い方

本書は，各単元の最重要ポイントを確認し，基本的な問題を何度も繰り返して解くことを通して，中学地理の基礎を徹底的に固めることを目的として作られた問題集です。

1単元2ページの構成です。

すうけん
数犬チャ太郎

❶ ✔チェックしよう！

それぞれの単元の重要ポイントをまとめています。その単元で覚えておくべきポイントを確認したら✔にチェックを入れましょう。

ここから解説動画が見られます。くわしくは2ページへ

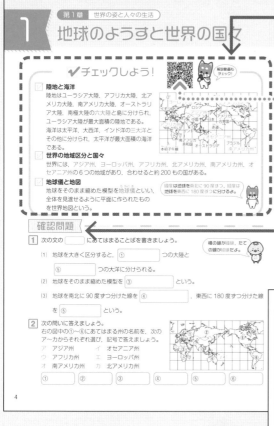

第1章 世界の姿と人々の生活
1 地球のようすと世界の国々

✔チェックしよう！

□ **陸地と海洋**
陸地はユーラシア大陸，アフリカ大陸，北アメリカ大陸，南アメリカ大陸，オーストラリア大陸，南極大陸の六大陸と島に分けられ，ユーラシア大陸が最大面積の陸地である。
海は太平洋，大西洋，インド洋の三大洋とその他に分けられ，太平洋が最大面積の海洋である。

□ **世界の地域区分と国々**
世界には，アジア州，ヨーロッパ州，アフリカ州，北アメリカ州，南アメリカ州，オセアニア州の6つの地域があり，合わせると約200もの国がある。

□ **地球儀と地図**
地球をそのまま縮めた模型を地球儀といい，全体を見渡せるように平面に作られたものを世界地図という。

緯度は地球を南北に90度ずつ，経度は地球を東西に180度ずつに分けるよ。

確認問題

① 次の文の　　にあてはまることばを書きましょう。
横の線が緯線，たての線が経線だよ。
(1) 地球を大きく区分すると，① 　　つの大陸と⑤ 　　つの大洋に分けられる。
(2) 地球をそのまま縮めた模型を③ 　　という。
(3) 地球を南北に90度ずつ分けた線を④ 　　，東西に180度ずつ分けた線を⑤ 　　という。

② 次の問いに答えましょう。
右の図中の①〜⑥にあてはまる州の名前を，次のア〜カからそれぞれ選び，記号で答えましょう。
ア　アジア州　　　イ　オセアニア州
ウ　アフリカ州　　エ　ヨーロッパ州
オ　南アメリカ州　カ　北アメリカ州
① 　　② 　　③ 　　④ 　　⑤ 　　⑥ 　　

4

❷ 確認問題

✔チェックしよう！を覚えられたか，確認する問題です。
ポイントごとに確認することができます。

❸ 練習問題

いろいろなパターンで練習する問題です。つまずいたら，✔チェックしよう！や　確認問題　に戻ろう！

ヒントを出したり，解説したりするよ！

かっぱ

❹ ↗ステップアップ

少し発展的な問題です。

ここから重要知識を一問一答形式で確認できます。くわしくは2ページへ

練習問題

① 次の問いに答えましょう。
(1) 地球の0度の緯線を何といいますか。
(2) 地球の0度の経線を何といいますか。
(3) 三大洋の1つで，面積が世界最大の海洋を何といいますか。
(4) 日本は何という州に属していますか。
(5) オーストラリアは何という州に属していますか。

↗ ステップアップ
② 次の地図1・2を見て，あとの問いに答えましょう。

地図1　　　　　　　　　　　地図2

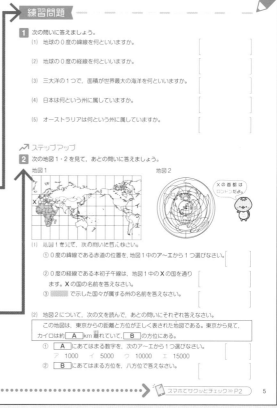

Xの首都はロンドンだよ。

(1) 地図1を見て，次の問いに答えなさい。
① 0度の緯線である赤道の位置を，地図1中のア〜エから1つ選びなさい。
② 0度の経線である本初子午線は，地図1中のXの国を通ります。Xの国の名前を答えなさい。
③ 　　で示した国々が属する州の名前を答えなさい。

(2) 地図2について，次の文を読んで，あとの問いにそれぞれ答えなさい。
この地図は，東京からの距離と方位が正しく表された地図である。東京から見て，カイロは約 A km離れていて，B の方位にある。
① A にあてはまる数字を，次のア〜エから1つ選びなさい。
ア　1000　イ　5000　ウ　10000　エ　15000
② B にあてはまる方位を，八方位で答えなさい。

スマホでサクッとチェック≫P2

5

1

ITCコンテンツを活用しよう！

使い方はカンタン！

本書には，QRコードを読み取るだけで利用できる ICT コンテンツが充実しています。

▶ 解説動画を見よう

❶ 各ページの QR コードを読み取る

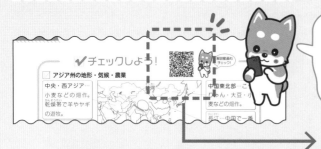

スマホでもタブレットでもOK！
PCからは下のURLからアクセスできるよ。
https://cds.chart.co.jp/books/r1decnv6ao/sublist/001#2!

動画は**フルカラー**で
理解しやすい内容に
なっています。

❷ 動画を見る！

速度調節や
全画面表示も
できます

スマホでサクッとチェック ─ 一問一答で知識の整理

下のQRコードから，重要知識をクイズ形式で確認できます。

1回10問だから，
スキマ時間に
サクッと取り組める！

PCから https://cds.chart.co.jp/books/r1decnv6ao/sublist/037#038

便利な使い方

ICTコンテンツが利用できるページをスマホなどのホーム画面に追加することで，毎回
QR コードを読みこまなくても起動できるようになります。くわしくは QRコードを読み
取り，左上のメニューバー「≡」▶「 ヘルプ 」▶「 便利な使い方 」をご覧ください。

QR コードは株式会社デンソーウェーブの登録商標です。内容は予告なしに変更する場合があります。
通信料はお客様のご負担となります。Wi-Fi 環境での利用をおすすめします。また，初回使用時は利用規約を必ずお読みいただき，同意いただい
た上でご使用ください。
ICT とは，Information and Communication Technology（情報通信技術）の略です。

目次

1 地球のようすと世界の国々

✔チェックしよう！

解説動画も
チェック！

☑ **陸地と海洋**

陸地はユーラシア大陸，アフリカ大陸，北ア
メリカ大陸，南アメリカ大陸，オーストラリ
ア大陸，南極大陸の六大陸と島に分けられ，
ユーラシア大陸が最大面積の陸地である。
海洋は太平洋，大西洋，インド洋の三大洋と
その他に分けられ，太平洋が最大面積の海洋
である。

☑ **世界の地域区分と国々**

世界には，アジア州，ヨーロッパ州，アフリカ州，北アメリカ州，南アメリカ州，オ
セアニア州の6つの地域があり，合わせると約200もの国がある。

☑ **地球儀と地図**

地球をそのまま縮めた模型を地球儀といい，
全体を見渡せるように平面に作られたもの
を世界地図という。

緯度は地球を南北に90度ずつ，経度は
地球を東西に180度ずつ分けるよ。

確認問題

1 次の文の　　　　にあてはまることばを書きましょう。

横の線が緯線，たて
の線が経線だよ。

(1) 地球を大きく区分すると，①　　　　つの大陸と

⑤　　　　つの大洋に分けられる。

(2) 地球をそのまま縮めた模型を③　　　　という。

(3) 地球を南北に90度ずつ分けた線を④　　　　，東西に180度ずつ分けた線

を⑤　　　　という。

2 次の問いに答えましょう。

右の図中の①〜⑥にあてはまる州の名前を，次の
ア〜カからそれぞれ選び，記号で答えましょう。

ア　アジア州　　　　イ　オセアニア州
ウ　アフリカ州　　　エ　ヨーロッパ州
オ　南アメリカ州　　カ　北アメリカ州

①　　　　②　　　　③　　　　④　　　　⑤　　　　⑥

1 次の問いに答えましょう。

(1) 地球の0度の緯線を何といいますか。 [   ]

(2) 地球の0度の経線を何といいますか。 [   ]

(3) 三大洋の1つで，面積が世界最大の海洋を何といいますか。 [   ]

(4) 日本は何という州に属していますか。 [   ]

(5) オーストラリアは何という州に属していますか。 [   ]

↗ ステップアップ

2 次の地図1・2を見て，あとの問いに答えましょう。

地図1

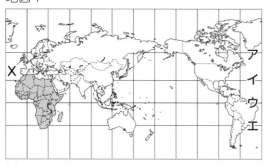

地図2

Xの首都はロンドンだよ。

(1) 地図1を見て，次の問いに答えなさい。

① 0度の緯線である赤道の位置を，地図1中のア～エから1つ選びなさい。 [   ]

② 0度の経線である本初子午線は，地図1中のXの国を通ります。Xの国の名前を答えなさい。 [   ]

③ ▨▨▨で示した国々が属する州の名前を答えなさい。 [   ]

(2) 地図2について，次の文を読んで，あとの問いにそれぞれ答えなさい。

> この地図は，東京からの距離と方位が正しく表された地図である。東京から見て，カイロは約 **A** km 離(はな)れていて，**B** の方位にある。

① **A** にあてはまる数字を，次のア～エから1つ選びなさい。

ア 1000　　イ 5000　　ウ 10000　　エ 15000 [   ]

② **B** にあてはまる方位を，八方位で答えなさい。 [   ]

2 日本の国土と時差, 領土問題

✔チェックしよう！

解説動画もチェック！

日本の位置

排他的経済水域…沿岸から200海里までの領海をのぞく水域。水産資源や鉱産資源は沿岸国のものになる。

択捉島…北の端。色丹島，国後島，歯舞群島とともにロシア連邦に占拠されている北方領土。

与那国島…西の端。

南鳥島…東の端。

東経135度線…日本の標準時子午線。

沖ノ鳥島…南の端。護岸工事をして保護。

□には領海も含む。

時差

各国の基準となる経線を標準時子午線という。世界の基準となる時刻は，イギリスのロンドンを通る本初子午線での時刻とされている。次のように計算すると，時差を求められる。

① 2地点の経度差を求める　②求めた経度差を15で割った答えが時差

経度180度の経線にほぼ沿う形で引かれている日付変更線の西に近いほど時刻が進んでいる。

経度が15度違うと，時差は1時間になるよ。

確認問題

1 次の文中の①〜⑧にあてはまる語句を，あとのア〜クからそれぞれ選び，記号で答えましょう。

日本の北端の ① は北方領土の最大の島で， ② に占拠されている。南端は ③ で，領海を除く沿岸から200海里までの ④ を守るため護岸工事が行われた。西端の島は ⑤ ，東端の島は ⑥ である。日本の時刻の基準となる ⑦ は東経 ⑧ 度線であり，外国との時差は東経⑦度線との経度差が15度につき1時間生じる。

ア ロシア連邦　イ 135　ウ 与那国島　エ 択捉島
オ 南鳥島　カ 沖ノ鳥島　キ 標準時子午線　ク 排他的経済水域

① ②③④

⑤⑥⑦⑧

日本の東西南北の端をおさえよう。

1 次の問いに答えましょう。

(1) ロシア連邦に占拠されている択捉島，国後島，色丹島，歯舞群島をまとめて何といいますか。

(2) 排他的経済水域は，領海を除く沿岸から何海里までの範囲ですか。

(3) 日本の標準時子午線は何度ですか。西経・東経を明らかにして答えなさい。

(4) 経度が何度違うと，1時間の時差が生じますか。

📈 ステップアップ

2 右の地図を見て，次の問いに答えましょう。

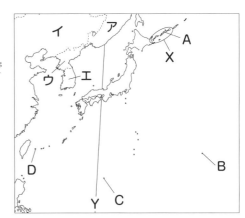

(1) 地図中の **X** の島々を不法に占拠している国を，地図中の**ア～エ**から1つ選び，記号で答えなさい。

(2) 島の消失を防ぐために護岸工事を行った島を，地図中の **A ～ D** から1つ選び，記号で答えなさい。

(3) (2)の島が護岸工事を行ったのは，何を守るためですか。

(4) 東京とロンドンの時差について説明した，次の文中の①～④にあてはまる語句をそれぞれ答えなさい。

　地図中の **Y** は日本の標準時子午線で，経度は ① である。標準時子午線は国（地域）によって異なり，イギリスの場合は経度0度の経線である。時差を求める場合，東京とイギリスの首都ロンドンの経度の差は ② 度であるから，時差は ③ 時間となる。経度180度の経線にほぼ沿う日付変更線の西側に近いほど，時刻は進んでいるので，東京とロンドンの時刻を比べると ④ の方が進んでいる。

① [　　　　　]　② [　　　　　]

③ [　　　　　]　④ [　　　　　]

ロンドンより東京の方が日付変更線の西に近いよ。

3 世界の気候と人々の暮らし

✔チェックしよう！

解説動画もチェック！

☑ 世界の気候帯

冷帯（亜寒帯）…冬の気温は低いが，森林が育つ。

乾燥帯…一年を通じ雨が少なく，森林が育たない。

温帯…はっきりとした季節（四季）がある。

寒帯…一年中寒く，樹木がほとんど育たない。

熱帯…一年中気温が高い。降水量も多い。

せきどう　赤道

北半球と南半球では季節が逆になるよ。

▼世界の宗教分布

キリスト教
イスラム教
仏教
ヒンドゥー教

☑ 世界の宗教

・キリスト教…教典は聖書。カトリック，プロテスタント，正教会などに分かれる。信者の数が最も多い。
・イスラム教…教典はコーラン。一日に5回，聖地メッカへ向かい礼拝する。毎年1か月の間，断食が行われる。豚肉を食べることが禁止されている。
・仏教…教典は経。東アジアや東南アジアでさかん。
・ヒンドゥー教…インドでさかん。カースト制度が根強く残る。牛肉を食べることが禁止されている。

確認問題

1 右の地図中の①〜⑤にあてはまる気候帯を，次のア〜オからそれぞれ選び，記号で答えましょう。

ア　乾燥帯　　イ　熱帯　　ウ　冷帯（亜寒帯）
エ　寒帯　　　オ　温帯

赤道
①④
②⑤
③

①	②	③	④	⑤

2 次の文中の①〜⑩にあてはまる語句を，あとのア〜コからそれぞれ選び，記号で答えましょう。

　　世界に広がる3つの宗教を三大宗教という。最も信者の数が多いのは　①　で，開祖の誕生日を　②　として祝う。シャカが開いた宗教は　③　で，日本にも多くの　④　がある。メッカを聖地とする　⑤　は，　⑥　とよばれる礼拝所で祈りをささげ，毎年1か月間　⑦　を行うほか，酒や　⑧　の飲食が禁止されている。この他，インドでは　⑨　がさかんで　⑩　を食べない。このように，宗教は人々の生活と深く結びついている。

ア　寺　　　イ　豚肉　　ウ　断食　　　エ　キリスト教　　オ　ヒンドゥー教
カ　仏教　　キ　牛肉　　ク　イスラム教　ケ　モスク　　　　コ　クリスマス

①	②	③	④	⑤

⑥	⑦	⑧	⑨	⑩

1 次の問いに答えましょう。

(1) 日本が属している, 季節 (四季) がある気候帯を何といいますか。 [   ]

(2) 一年を通じて気温が高く, 降水量も多い気候帯を何といいますか。 [   ]

(3) ヨーロッパ・南北アメリカ・オセアニアでさかんな宗教は何ですか。 [   ]

(4) 北アフリカ・西アジア・中央アジア・東南アジアでさかんな宗教は何ですか。 [   ]

(5) 東アジア・東南アジアでさかんな宗教は何ですか。 [   ]

↗ ステップアップ

2 次の問いに答えましょう。

(1) 地図1の**ア〜カ**の気温と降水量を示した次のグラフを見て, あとの問いに答えなさい。

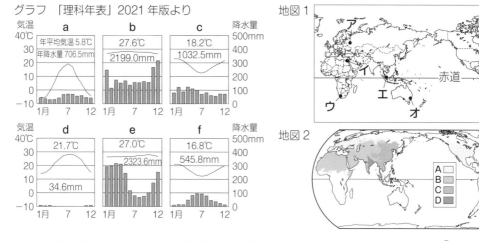

① **a**の気温と降水量があてはまる都市は, 地図中の**ア・イ**のどちらですか。記号で答えなさい。 [   ]

② **b**の気温と降水量があてはまる都市は, 地図中の**ウ・エ**のどちらですか。記号で答えなさい。 [   ]

③ **c**の気温と降水量があてはまる都市は, 地図中の**オ・カ**のどちらですか。記号で答えなさい。 [   ]

④ **a〜f**のうち, 南半球の都市の気温と降水量を示しているものをすべて選び, 記号で答えなさい。 [   ]

(2) 地図2の**A〜D**の宗教を, 次の**ア〜エ**からそれぞれ選び, 記号で答えなさい。

ア キリスト教　　イ ヒンドゥー教　　ウ イスラム教　　エ 仏教

A [   ]　　B [   ]　　C [   ]　　D [   ]

1 アジア州①

✔チェックしよう！

解説動画も
チェック！

☑ **アジア州の地形・気候・農業**

中央・西アジア…
小麦などの畑作。
乾燥帯で羊やヤギ
の遊牧。

チベット高原…
世界最大級の高原。

ヒマラヤ山脈…
世界最高峰の
エベレストがある。

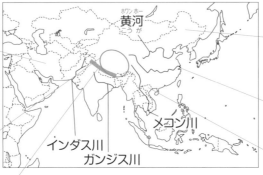

ホワンホー
黄河
こうが

インダス川
ガンジス川

メコン川

中国東北部…こう
りゃん・大豆・小
麦などの畑作。

チャンチャン
長江…中国で一番
ちょうこう
長い川。

東・東南アジア…
季節風の影響を受
けて降水量が多い。
稲作中心。タイな
ど熱帯で二期作。

季節風は**モンスーン**ともいうんだよ。

確認問題

1 右の地図中の①〜⑥の河川・山脈・高原を，
次のア〜カからそれぞれ選び，記号で答えま
しょう。

ア　黄河　　　イ　ヒマラヤ山脈
ウ　長江　　　エ　インダス川
オ　メコン川　カ　チベット高原

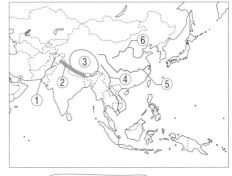

① 　　　　　② 　　　　　③

④ 　　　　　⑤ 　　　　　⑥

アジア州の地形を
覚えよう。

2 次の文の ☐ にあてはまることばを書きましょう。

・東アジア・東南アジアの沿岸部では，夏と冬で吹く向きのかわる ①

の影響で降水量が多く，② がさかん。タイなどでは ③

も行われる。

・中央アジア・西アジアでは，小麦などの ④ や遊牧が行われる。

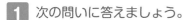

1 次の問いに答えましょう。

(1) 中国とインドの国境となっている山脈を何といいますか。

[　　　　　　　　　]

(2) 中国の内陸部に広がる，世界最大級の高原を何といいますか。

[　　　　　　　　　]

(3) 夏と冬で，吹く方向が反対になる風を何といいますか。

[　　　　　　　　　]

(4) 一年に2回，同じ作物を栽培（さいばい）することを何といいますか。

[　　　　　　　　　]

(5) 草や水を求めて，移動しながら家畜（かちく）を育てる農業を何といいますか。

[　　　　　　　　　]

↗ ステップアップ

2 次の問いに答えましょう。

(1) 右の地図中の**X**の高原を何といいますか。

[　　　　　　　　　]

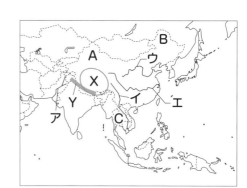

(2) 地図中の**Y**の山脈にある，世界で最も高い山を何といいますか。

[　　　　　　　　　]

(3) 次の河川を，地図中の**ア～エ**からそれぞれ選びなさい。
① メコン川　② 長江　③ インダス川　④ 黄河

①[　　　] ②[　　　] ③[　　　] ④[　　　]

(4) 地図中の**A～C**の地域でさかんな農業を，次からそれぞれ選びなさい。
ア 稲作　イ 畑作　ウ 遊牧

A[　　　] B[　　　] C[　　　]

(5) アジア州の気候と農業の関係について述べた文として正しいものを，次の**ア～ウ**から1つ選びなさい。

ア 気温が高く降水量の多い地域では，遊牧がさかんである。

イ 気温が高く降水量の少ない地域では，稲作がさかんである。

ウ 乾燥した冷涼（れいりょう）な気候の地域では，畑作がさかんである。

稲作には多くの水を必要とするよ。

[　　　　　　　　　]

アジア州②

✔チェックしよう！

解説動画も
チェック！

☑ アジア州の工業

工業化の進む都市と
農村で経済格差が広
がっているんだよ。

▲ 経済特区
☐ 東南アジア
諸国連合
（ASEAN）

シャンハイ

中国…経済特区で
外国企業を誘致。
都市部で先端技術
（ハイテク）産業。
農村から仕事を求
め都市部へ人口が
流出。

インド…近年情報
技術（IT）産業が
発達し，経済発展
がいちじるしい。

東南アジア諸国連
合（ASEAN） …
経済などの分野で
協力。東南アジア
の10か国が加盟。

確認問題

1 次の文中の①～⑧にあてはまる語句を，あとのア～クからそれぞれ選び，記号で答えま
しょう。

> 　アジア州の工業を見てみると，中国とインドで経済発展がいちじるしい。中国では
> 外国の企業に対し，土地の価格を安くしたり税を減らしたりする　①　を設け，誘
> 致を進めている。また，シャンハイなどの　②　では　③　などが発展し，内陸部
> や　④　との経済格差が広がっている。インドではコンピューター技術などの
> 　⑤　が発達し，世界で活躍する人も多い。さらに，　⑥　アジアでは経済などの分
> 野で協力するため，1967年に　⑦　が結成された。現加盟国は　⑧　・インドネシア・
> フィリピン・マレーシア・シンガポールなどで，10か国が加盟している。

ア　農村部　　　イ　都市部　　　ウ　東南　　　エ　ASEAN
オ　経済特区　　カ　タイ　　　　キ　情報技術産業　　ク　先端技術産業

| ① | ② | ③ | ④ |

| ⑤ | ⑥ | ⑦ | ⑧ |

アジア州の工業のよ
うすを整理しよう。

1 次の問いに答えましょう。

(1) 中国で外国企業を誘致するため設けられた地域を何といいますか。

[　　　　　　　]

(2) 東南アジアの10か国が加盟する，経済などの分野で協力することを目的とした地域統合組織を何といいますか。

[　　　　　　　]

(3) コンピューターなどの電子機器，工作機械などを生産する，高度な知識と技術にもとづく産業を何といいますか。

[　　　　　　　]

(4) コンピューターなどの機器や，ソフトウエア，通信サービスなどにかかわる産業を何といいますか。

[　　　　　　　]

(5) 近年(4)の産業がさかんになり，経済発展がいちじるしい南アジアの国はどこですか。

[　　　　　　　]

↗ ステップアップ

2 右の地図を見て，次の問いに答えましょう。

(1) 中国の工業について，次の問いに答えなさい。

① 地図中に▲で示した，外国企業の誘致を進めている地域を何といいますか。

[　　　　　　　]

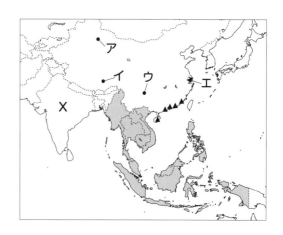

② 地図中のア～エの都市のうち，一人あたりの国内総生産額が最も高い都市を選びなさい。

[　　　　　　　]

(2) 地図中に▨で示した国々が加盟する地域統合組織について，次の問いに答えなさい。

① この地域統合組織を何といいますか。略称をアルファベットで答えなさい。

[　　　　　　　]

② この地域統合組織に加盟しているのは，アジア州のうち，何という地域の国々ですか。次のア～エから１つ選びなさい。

ア　東アジア　　イ　南アジア　　ウ　東南アジア　　エ　西アジア

[　　　　　　　]

(3) 地図中のX国で近年さかんになった産業を，次のア～エから１つ選びなさい。

ア　電子部品産業　　イ　情報技術産業

ウ　先端技術産業　　エ　鉄鋼業

[　　　　　　　]

Xはインドだよ。

3 ヨーロッパ州①

✔チェックしよう！

解説動画も
チェック！

☑ ヨーロッパ州の自然と産業

偏西風…一年中西から吹く風。暖められた空気を運ぶ。

ライン川…国際河川。水運でドイツの工業が発達。

酪農…乳牛を飼育し，乳製品を出荷。

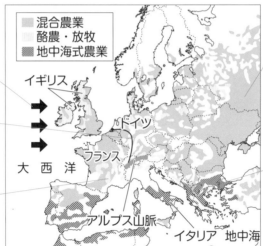

凡例：
■ 混合農業
□ 酪農・放牧
▨ 地中海式農業

イギリス　ドイツ　フランス　大 西 洋　アルプス山脈　イタリア　地中海

混合農業…家畜の飼育と穀物などの畑作を組みあわせた農業。

地中海式農業…乾燥する夏にオリーブやオレンジ，雨の多い冬に小麦を栽培。

フランスは小麦の栽培も輸出もさかんなんだよ。

ヨーロッパ州の大西洋側は，偏西風と暖流の北大西洋海流の影響で，高緯度のわりに温暖な気候である。

確認問題

1 右の地図中の①〜⑧にあてはまる語句を，次のア〜クからそれぞれ選び，記号で答えましょう。

ア　地中海式農業　　イ　ライン川
ウ　アルプス山脈　　エ　混合農業
オ　酪農・放牧　　　カ　偏西風
キ　大西洋　　　　　ク　地中海

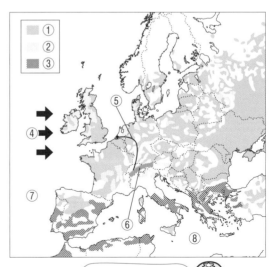

① ②
③

①	②	③
④	⑤	⑥
⑦	⑧	

ヨーロッパ州の自然や産業を覚えよう。

1 次の問いに答えましょう。

(1) ドイツとフランスの国境を流れる国際河川を何といいますか。 [   ]

(2) (1)の河川によって工業が発達し，ヨーロッパ最大の工業国となった国はどこですか。 [   ]

(3) 乳牛を飼育し，チーズやバターなどの乳製品を出荷する農業を何といいますか。 [   ]

(4) 家畜の飼育と，小麦などの畑作を組みあわせた農業を何といいますか。 [   ]

(5) 乾燥する夏にオリーブやオレンジ，雨の降る冬に小麦を栽培する農業を何といいますか。 [   ]

↗ ステップアップ

2 右の地図を見て，次の問いに答えましょう。

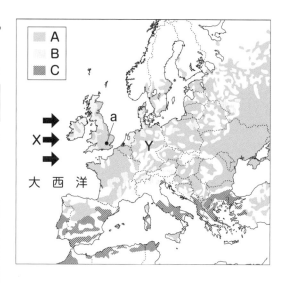

(1) 地図中の a の都市が高緯度のわりに温暖な原因の１つである X の風を何といいますか。 [   ]

(2) 地図中の Y の国について述べた，次の文中の①・②にあてはまる語句を答えなさい。

> Y 国は，ヨーロッパ最大の工業国である　①　です。Y 国では，複数の国を流れる　②　川の水運を利用することなどで，工業が発達しました。

① [   ] ② [   ]

(3) 地図中に A～C で示した地域の農業の特色を，次のア～ウからそれぞれ選びなさい。

　ア　乾燥する夏にオリーブやオレンジ，雨の多い冬に小麦などを栽培する。

　イ　乳牛を飼育し，チーズやバターなどの乳製品を出荷する。

　ウ　家畜の飼育と，小麦などの畑作を組みあわせている。

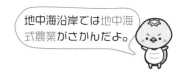

地中海沿岸では地中海式農業がさかんだよ。

A [   ] B [   ] C [   ]

第2章　世界の諸地域

4 ヨーロッパ州②

✔チェックしよう！

📈 EU（ヨーロッパ連合）の成立と発展

解説動画も
チェック！

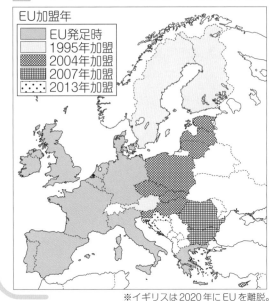

EU加盟年
- ■ EU発足時
- □ 1995年加盟
- ▨ 2004年加盟
- ▥ 2007年加盟
- ⦂ 2013年加盟

※イギリスは2020年にEUを離脱。

EU…1993年に発足した地域統合組織。政治や経済などで共通の政策を実施して，アメリカ合衆国（がっしゅうこく）などの大国に対抗（たいこう）している。加盟国間では人やものの移動が自由で，貿易品には関税がかからない。多くの国で共通通貨のユーロを使用する。
西ヨーロッパの加盟国と東ヨーロッパの加盟国間での経済格差が課題。
2020年にはイギリスがEUから離脱。

デンマークなどはユーロ
を導入していないんだよ。

確認問題

1 次の文中の①〜⑨にあてはまる語句を，あとのア〜ケからそれぞれ選び，記号で答えましょう。

　　ヨーロッパ州では，2021年3月現在で27か国が ① に加盟している。この組織は，政治・経済などで共通の政策を実施して， ② に対抗している。人やものの移動が自由で，貿易品には ③ がかからない。また，共通通貨の ④ を使用しているが， ⑤ など一部の国では導入していない。課題として，経済発展が進んでいる ⑥ ヨーロッパの加盟国と，経済発展が遅れがちな ⑦ ヨーロッパの加盟国との間で， ⑧ が広がっていることが挙げられる。2020年には ⑨ が，①から離脱した。

ア　アメリカ合衆国　　イ　ユーロ　　ウ　経済格差　　エ　EU　　オ　西
カ　東　　キ　関税　　ク　イギリス　　ケ　デンマーク

①	②	③	④	⑤

⑥	⑦	⑧	⑨

EUの姿と課題を
整理しよう。

16

1 次の問いに答えましょう。

(1) ヨーロッパ州の27か国（2021年3月現在）が加盟する
地域統合組織を何といいますか。 [　　　　　]

(2) (1)のほとんどの国で使用されている共通通貨を何といいますか。[　　　　　]

(3) (1)の加盟国間では，貿易品に[　　]がかかりません。
[　　]にあてはまる語句は何ですか。 [　　　　　]

📈 ステップアップ

2 地図1・2を見て，次の問いに答えましょう。

(1) 地図1中に [　　] で示した国々が加盟してい
る地域統合組織を何と
いいますか。 [　　　　　]

地図1

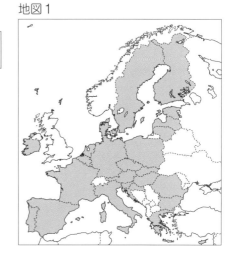

(2) (1)の組織に加盟していない国を，次の**ア**～**エ**
から1つ選びなさい。
ア　スイス　　　イ　イタリア [　　　]
ウ　ギリシャ　　エ　フランス

(3) (1)の組織について述べた文としてあやまって
いるものを，次の**ア**～**エ**から1つ選びなさい。
ア　この組織の加盟国間では，貿易品に関税が
かからない。

イ　この組織の加盟国間では，人やものの移動は自由である。

ウ　この組織のすべての加盟国が，共通通貨のユーロを導入している。 [　　　]

エ　この組織の加盟国は，幅広い分野で共通の政策を実施している。

(4) 地図2から読み取れることを，次の**ア**～**エ**か
ら1つ選び，記号で答えなさい。
ア　西ヨーロッパの国々に比べ，東ヨーロッパ
の国々の一人あたりの国民総所得が低い。
イ　東ヨーロッパの国々に比べ，西ヨーロッパ
の国々の一人あたりの国民総所得が低い。
ウ　この組織の加盟国では，一人あたりの国民
総所得が1万ドル未満の国はない。
エ　この組織の加盟国間では，一人あたりの国
民総所得の格差は見られない。

[　　　　　]

地図2 (1)加盟国の一人あたりの国民総所得

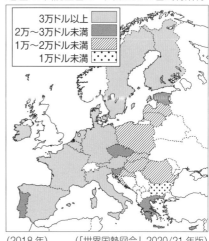

3万ドル以上
2万～3万ドル未満
1万～2万ドル未満
1万ドル未満

(2018年)　　　（「世界国勢図会」2020/21年版）

5 アフリカ州①

✔チェックしよう！

解説動画も
チェック！

☑ アフリカ州の自然

赤道付近から南北それ
ぞれに熱帯→乾燥帯→
温帯と分布。
サハラさばく南部は，
さばく化が進むサヘル
となっている。

エジプト

サハラさばく

赤道

南アフリカ
共和国

ナイル川…世界最長
の川。かつてエジプ
ト文明が栄えた。

サハラさばく…
世界最大のさばく。

サヘルのさばく化は，
人口増加による伐採や
過放牧が原因なんだ。

☑ アフリカ州の人々

多くの黒人が奴隷として南北アメリカに連行された。国境線は植民地時代に支配国が
経線・緯線を用いて引いたため，直線のところが多く，民族や宗教の分布を無視して
引かれたことで，独立後も紛争の原因となっている。南アフリカ共和国では
アパルトヘイト（人種隔離政策）が行われていた。

確認問題

 次の文中の①～⑦にあてはまる語句を，あとのア～キからそれぞれ選び，記号で答えま
しょう。

> アフリカ州には，世界最大の ① さばくと，世界最長の ② 川がある。気候
> は赤道付近に森林がしげる ③ が広がり，その南北には乾いた ④ が広がって
> いる。①さばくの南側は ⑤ とよばれるさばく化が進む地帯となっている。国境線
> に直線のところが多いのは，植民地時代に支配国が ⑥ を利用して引いたためで
> ある。また，南アフリカ共和国ではかつて，⑦ が行われていた。

ア　乾燥帯　　イ　サハラ　　ウ　アパルトヘイト　　エ　熱帯
オ　サヘル　　カ　ナイル　　キ　経線や緯線

① ☐　② ☐　③ ☐　④ ☐

⑤ ☐　⑥ ☐　⑦ ☐

アフリカ州の自然と
歴史を整理しよう。

1 次の問いに答えましょう。

(1) アフリカ州の北部に広がる，世界最大のさばくを何といいますか。 [   ]

(2) エジプトから地中海へ注ぐ，世界最長の河川を何といいますか。 [   ]

(3) かつて奴隷として南北アメリカに連行されたのはどのような人々ですか。 [   ]

(4) アフリカ州の国々の国境線に直線が多いのは，何を利用して引かれたためですか。 [   ]

(5) かつて南アフリカ共和国で行われていた，白人以外を差別する政策を何といいますか。 [   ]

↗ ステップアップ

2 次の問いに答えましょう。

(1) 地図中の **X** のさばくと，**Y** の河川を何といいますか。

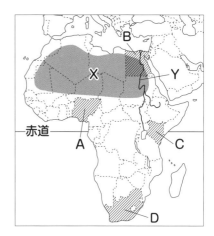

X [   ]

Y [   ]

(2) アフリカ州の国々の国境線が，直線のところが多い理由を，次の**ア〜エ**から１つ選びなさい。

　ア 地域の人々が話しあい，宗教の分布にあわせて国境線を引いたから。

　イ 地域の人々が話しあい，民族の分布にあわせて国境線を引いたから。

　ウ 植民地時代に，支配国が山や川を利用して国境線を引いたから。

　エ 植民地時代に，支配国が緯線と経線を利用して国境線を引いたから。

[   ]

(3) 白人以外を差別する，アパルトヘイトが行われていた国を，地図中の **A 〜 D** から１つ選びなさい。

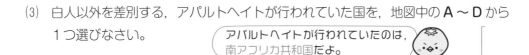
アパルトヘイトが行われていたのは，南アフリカ共和国だよ。

[   ]

(4) **X** のさばくの南側で進んでいる，伐採や過放牧が原因となっている環境（かんきょう）問題を何といいますか。

[   ]

6 アフリカ州②

✔チェックしよう！

☑ アフリカ州の産業

農業…伝統的な焼畑農業。カカオ豆や茶をプランテーションで栽培。

鉱業…金やダイヤモンドのほか，クロム，マンガンなどの希少金属（レアメタル）を多く産出。

経済…多くの国が，輸出の多くを特定の農作物や鉱産資源にたよるモノカルチャー経済で，収入が不安定になりやすい。

ギニア湾

ケニア

農業
● カカオ豆
▲ 茶

地下資源
■ クロム
◆ マンガン

アフリカ連合（AU）…アフリカ諸国の諸問題に共通で取り組むための地域統合。

アフリカ州には発展途上国が多いんだ。

確認問題

1　次の文の □ にあてはまることばを書きましょう。

・アフリカ州では，プランテーションでの農作物の栽培がさかんで，ギニア湾沿岸では

① _____ ，ケニア周辺では ② _____ が栽培されている。

・草原を焼いて畑にして，灰を肥料とする ③ _____ が行われている。

・アフリカ州ではすべての独立国が ④ _____ に加盟している。

・クロムやマンガンのように，地球上にある量が少なかったり，取り出しにくかったりする金属を ⑤ _____ という。

・多くの国がモノカルチャー経済で ⑥ _____ が不安定になりやすい。

アフリカ州の産業のようすを整理しよう。

1 次の問いに答えましょう。

(1) アフリカ州の国々が，諸問題に協力して取り組むために結成した地域統合組織を何といいますか。 [   ]

(2) 植民地時代に支配国の資本で開かれ，現地の人々が単一の農作物を大規模に栽培している農園を何といいますか。 [   ]

(3) 地球上に存在する量が極めて少なかったり，取り出すのが難しかったりする，希少価値が高い金属を何といいますか。 [   ]

(4) 特定の農作物や鉱産資源の輸出にたよる経済を何といいますか。 [   ]

📈 ステップアップ

2 次の問いに答えましょう。

(1) 地図中に　　　　で示した国々が加盟する組織を何といいますか。アルファベットの略称で答えなさい。

[   ]

(2) 次のア～エより，希少金属（レアメタル）にあてはまる金属を１つ選び，記号で答えなさい。

ア　マンガン　　イ　石油　　ウ　石炭　　エ　鉄鉱石

[   ]

Ｘはチョコレートの原料だよ。

(3) 次のグラフ１・２を見て，あとの問いに答えなさい。

グラフ１　コートジボワールの輸出額割合

| Ｘ 28.1% | 8.5 | 8.5 | 8.1 | 7.1 | その他 39.7 |

金（非貨幣用）┘ 石油製品┘ 野菜と果実┘ 天然ゴム┘

グラフ２　タンザニアの輸出額割合

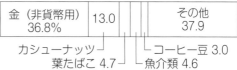

| 金（非貨幣用）36.8% | 13.0 | | | | その他 37.9 |

カシューナッツ┘ 葉たばこ 4.7┘ 魚介類 4.6┘ コーヒー豆 3.0┘

① グラフ１中のＸにあてはまる農作物を，次のア～エから１つ選びなさい。 [   ]

ア　カカオ豆　　イ　綿花　　ウ　バナナ　　エ　茶

② グラフ１・グラフ２から考えられる，コートジボワールとタンザニアの経済のようすを，次のア～エから１つ選び，記号で答えなさい。

ア　中心となる輸出品がないため，多くの利益を生み出すことができない。

イ　天候や市場の影響を受けない輸出品が多いため，経済が安定している。

ウ　さまざまな種類の輸出品があるため，安定した経済成長が見込める。

エ　一部の農作物や鉱産資源にたよっているため，経済が不安定になりやすい。 [   ]

7 北アメリカ州①

✔チェックしよう！

解説動画も
チェック！

☑ 北アメリカ州の自然と都市

ロッキー山脈…
環太平洋造山帯に
属する険しい山脈。

北部…冷涼な気候。
カナダ北部には先住
民族のイヌイット。
西部…乾燥。
南部…温暖・湿潤。
ハリケーンが発生。

カナダ

アメリカ
合衆国

中央平原

ミシシッピ川

五大湖…アメリカ
合衆国とカナダに
またがる。

アパラチア山脈…
なだらかな山脈。

ヒスパニックとは，
「スペイン語を話す
人々」という意味だよ。

☑ 北アメリカ州の人々

ヨーロッパからの移民が多く，キリスト教が中心。アメリカ合衆国の南部には，かつて綿花栽培のためアフリカから多くの黒人が連行され，現在も黒人の割合が高い。
近年は南・中央アメリカから移り住む，スペイン語を話すヒスパニックが増加。

確認問題

1 次の文中の①〜⑧にあてはまる語句を，あとのア〜クからそれぞれ選び，記号で答えましょう。

北アメリカ州には，東に　①　山脈，西に　②　山脈が連なる。アメリカ合衆国とカナダにまたがる　③　の周辺では，水運を利用して工業が発展した。中〜西部の　④　には　⑤　川が流れ，農業地帯となっている。北アメリカ州は　⑥　から移り住んだ人々によって開拓されてきた。またアメリカ合衆国南部を中心に　⑦　系の人々も多く，近年では南・中央アメリカから移り住む　⑧　が増加している。

ア　ヒスパニック　イ　ヨーロッパ　ウ　アフリカ　エ　中央平原
オ　ロッキー　カ　ミシシッピ　キ　五大湖　ク　アパラチア

① ☐　② ☐　③ ☐　④ ☐

⑤ ☐　⑥ ☐　⑦ ☐　⑧ ☐

北アメリカ州の自
然と移民の歴史を
整理しよう。

1 次の問いに答えましょう。

(1) 北アメリカ州西部に連なり，環太平洋造山帯（かんたいへいようぞうざんたい）に含（ふく）まれる山脈を何といいますか。

[   ]

(2) 北アメリカ州東部に連なる，なだらかな山脈を何といいますか。

[   ]

(3) 北アメリカ州の多くの人々が信仰（しんこう）する宗教は何ですか。

[   ]

(4) 近年アメリカ合衆国で増加している，スペイン語を母語とする南・中央アメリカからの移民を何といいますか。

[   ]

📈 ステップアップ

2 次の問いに答えましょう。

(1) 地図中の **X・Y** の山脈と，**Z** の河川を何といいますか。

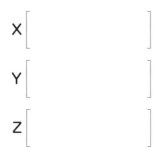

X [   ]

Y [   ]

Z [   ]

(2) 北アメリカ州でおもに信仰されている宗教を，次の**ア～エ**から１つ選びなさい。

ア　イスラム教　　イ　キリスト教　　ウ　仏教　　エ　ヒンドゥー教

[   ]

(3) 右のグラフは，アメリカ合衆国の人口構成を示しています。グラフ中の **A** にあてはまる語句を答えなさい。

[   ]

アジア系 6.0　　その他 3.0

白人 76.3%　　A 13.4

先住民 1.3

(2019 年) (2021 年版「データブック・オブ・ザ・ワールド」)

(4) 近年増加しているヒスパニックの人々について，次の問いに答えなさい。

① ヒスパニックの人々が母語とする言語を，次の**ア～エ**から１つ選びなさい。

ア　ポルトガル語　　イ　フランス語

ウ　スペイン語　　　エ　オランダ語

[   ]

② ヒスパニックの人々がアメリカ合衆国へ移り住む目的は，何を得るためですか。次の**ア～エ**から１つ選びなさい。

ア　広い土地　　イ　高い賃金

ウ　安い労働力　　エ　豊富な資源

[   ]

北アメリカ州②

✔チェックしよう！

解説動画も
チェック！

☑ 北アメリカ州の農業と工業

シリコンバレー…
サンフランシスコ近
郊に広がる。ハイテ
ク産業がさかん。

小麦

放牧　とうもろこし

北緯37°

西経100°　綿花

五大湖周辺…水運を
利用し，鉄鋼業や自
動車工業がさかん。
近年は生産額が低下。

サンベルト…北緯37
度以南に広がる温暖
な帯状の地域。IT産
業，ハイテク産業が
さかん。

・アメリカ合衆国の農業…広い土地を大型機械で耕作する企業的
な農業。地域の気候や土壌にあわせた適地適作。
・アメリカ合衆国には，外国にも工場や販売拠点などがある多国
籍企業が多い。

アメリカ合衆国では大規模な農業が
行われているんだよ。

確認問題

1 次の文中の①～⑦にあてはまる語句を，あとのア～キからそれぞれ選び，記号で答え
ましょう。

> 　アメリカ合衆国の農業は，広い農地を大型機械で耕作する ① な農業が特色で
> ある。作物は地域の環境にあわせて ② で栽培されている。このような経営で，
> アメリカは世界有数の農業生産国となった。
> 　工業では， ③ 周辺のピッツバーグやデトロイトで鉄鋼業や ④ が発達し，
> アメリカの工業を発展させた。近年はサンフランシスコ近郊の ⑤ や，北緯37度
> 以南の ⑥ でIT産業や ⑦ がさかんになっている。

ア　自動車工業　　イ　ハイテク産業　　ウ　企業的　　エ　シリコンバレー
オ　適地適作　　　カ　五大湖　　　　　キ　サンベルト

アメリカ合衆国の農
業と工業のようすを
整理しよう。

① 　　　② 　　　③ 　　　④

⑤ 　　　⑥ 　　　⑦

練習問題

1 次の問いに答えましょう。

(1) アメリカ合衆国に多い，ほかの国にも工場や販売拠点を持っている企業を何といいますか。[ ]

(2) 北緯 37 度以南に広がる，温暖で，1970 年代以降に工業がさかんとなっている地域を何といいますか。[ ]

(3) サンフランシスコ近郊に広がる，ハイテク産業の企業や研究施設が集中している地域を何といいますか。[ ]

(4) アメリカ合衆国で，地域の気候や土壌にあわせて行われる農業を何といいますか。[ ]

↗ ステップアップ

2 右の地図を見て，次の問いに答えましょう。

(1) 地図中の **X** の経線より西は降水量が少なく，東は降水量が多くなっています。**X** は西経何度ですか。

[ ]

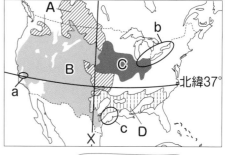

(2) 地図中の **A〜D** の地域でさかんな農業を，次のア〜エからそれぞれ選びなさい。

　ア　放牧　　イ　とうもろこし
　ウ　綿花　　エ　小麦

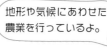

地形や気候にあわせた農業を行っているよ。

A[ ]　B[ ]　C[ ]　D[ ]

(3) アメリカ合衆国の農業について正しく述べているものを，次のア〜エから１つ選びなさい。

　ア　広い耕地に多くの人手を投入し，手間をかけて農業を行っている。
　イ　広い耕地を大型機械で耕作する，大規模な農業を行っている。
　ウ　狭い耕地を有効に利用するため，多種多様な作物を少量ずつ栽培している。
　エ　狭い耕地の生産性を上げるため，人手や肥料を大量に投入している。[ ]

(4) 次の文にあてはまる地域を，地図中の **a〜c** からそれぞれ選びなさい。

　① サンベルトに含まれる地域で，航空宇宙産業がさかんである。
　② 古くからの工業都市があり，鉄鋼業や自動車工業がさかんである。
　③ ハイテク産業がさかんで，シリコンバレーとよばれる地域である。

①[ ]　②[ ]　③[ ]

スマホでサクッとチェック ≫ P2　　25

9 南アメリカ州①

✔チェックしよう！

解説動画も
チェック！

☑ 南アメリカ州の自然

セルバ…アマゾン川流域の熱帯雨林地域。

アンデス山脈…西部を南北に走る。標高の高いところは高山気候。

アマゾン川…流域面積世界一。流域に熱帯雨林が広がる。

パンパ…アルゼンチンの中央部に広がる広大な草地。

北部は熱帯で，南部にいくにつれ乾燥し，気温が下がるんだ。

☑ 南アメリカ州の人々

ヨーロッパの植民地であった歴史から，ブラジルでポルトガル語，その他の多くの国でスペイン語を公用語として使用している。ブラジルには日本からの移民の子孫である日系人が200万人以上住んでいる。

確認問題

1 次の文中の①～⑧にあてはまる語句を，あとの**ア～ク**からそれぞれ選び，記号で答えましょう。

> 　南アメリカ大陸の西岸を南北に走る　①　山脈では，標高の高い地域で　②　気候が見られる。北部には河口付近に赤道が通る　③　川が流れ，流域に　④　が広がる。いっぽう，南部には　⑤　とよばれる草原が広がる。ヨーロッパの植民地であったことから，言語も影響を受け，ブラジルでは　⑥　語，その他の多くの国で　⑦　語が公用語となっている。また，ブラジルは日本とのかかわりも深く，日本からの移民とその子孫である　⑧　が多く住む。

| ア | アマゾン | イ | 高山 | ウ | パンパ | エ | セルバ |
| オ | 日系人 | カ | アンデス | キ | スペイン | ク | ポルトガル |

南アメリカ州の自然と人々のようすを整理しよう。

| ① | ② | ③ | ④ |
| ⑤ | ⑥ | ⑦ | ⑧ |

1 次の問いに答えましょう。

(1) 南アメリカ大陸の西部を南北に走る山脈を何といいますか。

$\Big[\qquad\qquad\Big]$

(2) 世界一の流域面積をもち，流域には熱帯雨林が広がる河川を何といいますか。

$\Big[\qquad\qquad\Big]$

(3) (2)の流域に広がる，熱帯雨林を何といいますか。

$\Big[\qquad\qquad\Big]$

(4) アルゼンチンの中央部に広がる草原を何といいますか。

$\Big[\qquad\qquad\Big]$

(5) ブラジルに多い，外国へ移り住んだ日本人とその子孫を何といいますか。

$\Big[\qquad\qquad\Big]$

📈 ステップアップ

2 右の地図1・2を見て，次の問いに答えましょう。

(1) 赤道を示す緯線を，地図1中のア～エから1つ選びなさい。

$\Big[\qquad\qquad\Big]$

(2) 地図1中のⅩの山脈と，Ⅴの河川を何といいますか。

X $\Big[\qquad\qquad\Big]$ Y $\Big[\qquad\qquad\Big]$

(3) パンパとよばれる草原の広がる地域は，地図1中のAとBのどちらですか。

$\Big[\qquad\qquad\Big]$

(4) 地図2は，南アメリカ州の国々の公用語の分布を示したものです。これを見て，あとの問いに答えなさい。

① 地図2中のa・bにあてはまる公用語を，次からそれぞれ選びなさい。

ア　フランス語　　イ　ポルトガル語
ウ　オランダ語　　エ　スペイン語

a $\Big[\qquad\Big]$ b $\Big[\qquad\Big]$

② 日本とのかかわりが深く，日系人が200万人以上住む国を，地図2中のア～エから1つ選びなさい。

$\Big[\qquad\qquad\Big]$

地図1

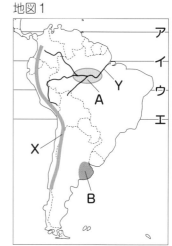

地図2

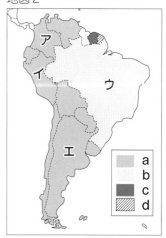

10 南アメリカ州②

✔チェックしよう！

☑ **南アメリカ州の鉱工業と農業**

農業…とうもろこしやいも栽培がさかん。北部の森林地帯で伝統的な焼畑農業。パンパで牧畜。植物が原料で，二酸化炭素の排出量が少ないバイオ燃料の生産のため，畑が拡大されている。

南アメリカ州はレアメタルもとれるんだ。

ベネズエラは石油輸出国機構（OPEC）に加盟。チリで銅。

ブラジル…世界有数の鉄鉱石産出国。日本の鉄鉱石輸入先第2位。
自動車や航空機などで工業化が進む。ブラジル高原を中心に，プランテーションでのコーヒー豆の栽培がさかん。

確認問題

1 右の地図中の①〜③でさかんな農業を，次のア〜ウからそれぞれ選び，記号で答えましょう。

ア　牧畜　　イ　焼畑農業
ウ　プランテーションでのコーヒー豆栽培

①はセルバ，③はパンパ。

①〔　　　〕　②〔　　　〕　③〔　　　〕

2 次の文の　　　にあてはまることばを書きましょう。

・ブラジルでは，大規模な農園である ①〔　　　　　　〕でカカオ豆や ②〔　　　　　　〕の栽培がさかんである。

・植物を原料とする ③〔　　　　　　〕が，二酸化炭素の排出量が少ない燃料として注目されている。

・ベネズエラは，石油がとれることから ④〔　　　　　　〕に加盟している。

1 次の問いに答えましょう。

(1) 南アメリカ州では，カカオ豆やコーヒー豆は，植民地時代につくられた何という農園で栽培されていますか。 [　　　　]

(2) 植物を原料にしてつくられる，二酸化炭素の排出量が少ない燃料を何といいますか。 [　　　　]

(3) 森林を焼いて畑をつくり，灰を肥料にして耕作を行う農業を何といいますか。 [　　　　]

(4) ブラジルが，日本の国別輸入割合第2位となっている鉱産資源は何ですか。 [　　　　]

📈 ステップアップ

2 次の問いに答えましょう。

(1) 右の地図を見て，次の問いに答えなさい。

① 牧畜のさかんな地域は，**A・B**のどちらですか。 [　　]

② 焼畑農業が行われているのは，**A・B**のどちらですか。 [　　]

(2) 次のグラフは，ある鉱産資源（**C**）とある農産物（**D**）の生産量における国別割合を示しています。これを見て，次の問いに答えなさい。

	ブラジル	ロシア 4.1		
C	オーストラリア 36.5%	17.9	14.9	8.3	その他 18.3

中国　インド

		インドネシア	コロンビア	
D	ブラジル 34.5%	ベトナム 15.7	7.0	7.0	その他 28.9

ホンジュラス 4.7

① **C**にあてはまる，日本の国別輸入割合でブラジルが第2位となる鉱産資源を，次の**ア～エ**から1つ選びなさい。 [　　]

　　ア　鉄鉱石　　イ　銅　　ウ　すず　　エ　石炭

② **D**にあてはまるプランテーションでの栽培がさかんな農産物を，次の**ア～エ**から1つ選びなさい。 [　　]

　　ア　天然ゴム　　イ　コーヒー豆　　ウ　綿花　　エ　バナナ

(3) さとうきびやとうもろこしなどの植物を原料とするバイオ燃料について，次の［　　　］に共通してあてはまる語句を答えなさい。

> バイオ燃料は，燃やすと［　　　］が発生しますが，原料の植物が生長するときの過程で［　　　］を吸収しているため，地球全体として［　　　］が増加していないと考えられています。

バイオ燃料の使用で，地球温暖化対策になると考えられているよ。 [　　　　]

11 オセアニア州

✔チェックしよう！

解説動画も
チェック！

☑ オセアニア州の自然と産業

西部…北部より南部のほうの降水量が多い。牧羊がさかん。

中央部…乾燥し非農業地帯。大鑽井盆地では掘り抜き井戸で水を確保して羊を飼育。

おもな産出地
● 鉄鉱石
▲ 石炭

北東部…比較的降水量が多い。牧牛がさかん。

南東部…比較的降水量が多い。人口が集中。小麦栽培，酪農，牧羊がさかん。

オセアニアの島々は，火山島とさんごしょうの島が多い。

☑ オーストラリアのつながり

オーストラリアの先住民族アボリジニは迫害を受け，人口が激減した。かつては白豪主義でヨーロッパ以外の移民を制限し，イギリスを中心としてヨーロッパとの結びつきが強かったが，近年はアジアとの結びつきが強まっている。

確認問題

1 次の文中の①〜⑦にあてはまる語句を，あとのア〜キからそれぞれ選び，記号で答えましょう。

　　オーストラリアの北西部は　①　の産出が多く，東部では　②　が多い。農業では北東部で　③　，その他の地域で　④　の牧畜を行っている。中央部から西部にはさばくが広がり，　⑤　では掘り抜き井戸をつくって水を確保した。人口は降水量の多い南東・南西部に集中している。先住民族の　⑥　は迫害を受け，人口が激減している。かつて　⑦　で移民を制限していた。

ア　牛　　　　イ　大鑽井盆地　　ウ　羊　　　エ　アボリジニ
オ　鉄鉱石　　カ　石炭　　　　　キ　白豪主義

オーストラリアの地域ごとの特色を整理しよう。

①	②	③	④

⑤	⑥	⑦

1 次の問いに答えましょう。

(1) オセアニア州の島々は，火山島以外に，何でできた島が多く見られますか。 [　　　　　]

(2) オーストラリアの北西部で多く産出される鉱産資源は何ですか。 [　　　　　]

(3) オーストラリアの東部で多く産出される鉱産資源は何ですか。 [　　　　　]

(4) オーストラリア中部にある，掘り抜き井戸の見られる盆地を何といいますか。 [　　　　　]

(5) オーストラリアの先住民族を何といいますか。 [　　　　　]

↗ ステップアップ

2 次の問いに答えましょう。

(1) 地図中の●・▲は何の分布を示していますか。次のア～エからそれぞれ選びなさい。

ア 石油 　　　イ 石炭
ウ ボーキサイト 　エ 鉄鉱石

● [　　　] ▲ [　　　]

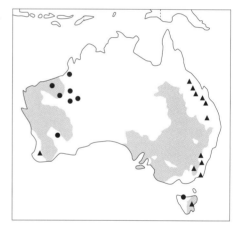

(2) 地図中の での牧畜がさかんな家畜を，次のア～エから1つ選びなさい。

ア やぎ 　イ 牛
ウ 羊 　　エ アルパカ 　[　　　]

(3) 右のグラフはオーストラリアの貿易相手国の変化を示しています。これを見て，次の問いに答えなさい。

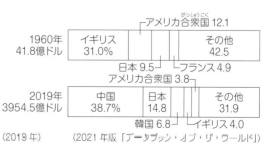

（2019年）　（2021年版「データブック・オブ・ザ・ワールド」）

① イギリスとの結びつきが強かった1960年ごろに，オーストラリアが行っていた移民を制限する政策を何といいますか。 [　　　　　]

② 2019年のオーストラリアの貿易相手先は，どの地域の国の割合が多いですか。次のア～エから1つ選びなさい。

ア ヨーロッパ 　イ 北アメリカ
ウ アジア 　　　エ オセアニア

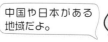 中国や日本がある地域だよ。

[　　　　　]

1 世界と日本の地形

✔チェックしよう！

☑ **世界の地形**

火山活動が活発な地域を造山帯（ぞうざんたい）という。火山活動がほぼない地域では，大河や氷河，風によって，広大な平野がつくられる。

日本は環太平洋造山帯に属しているんだ。

アルプス・ヒマラヤ造山帯　環太平洋造山帯（かんたいへいようぞうざんたい）

☑ **日本の地形**

国土が細長く，約４分の３が山地のため，川は世界の川に比べて短く，流れが急。山から平地に出たところに扇状地（じょうち），河口付近に三角州（さんかくす）が形成される。火山が多く，火山活動が活発である。

太平洋側の北から寒流の親潮（かんりゅう）（千島海流（ちしま）），南から暖流（だんりゅう）の黒潮（くろしお）（日本海流）が流れ，ぶつかるところ（潮目（しおめ））は好漁場になっている。

リマン海流　親潮（千島海流）（おやしお）　対馬（つしま）海流　潮目　黒潮（日本海流）

確認問題

1 次の文の □ にあてはまることばを書きましょう。

・日本は ① □ 造山帯に属しており，火山活動が活発なため，地震（じしん）や火山の噴火（ふんか）が多い。

・日本の国土は約 ② □ が山地で，川は世界の川に比べて流れが

③ □ で長さが ④ □ 。

・日本の太平洋側には北から ⑤ □ ，南から ⑥ □ とよばれる

海流が流れ，ぶつかるところに潮目ができる。

・川が山地から平地に流れ出るところには ⑦ □ ，

世界と日本の地形をおさえよう。

海に流れ出すところに ⑧ □ が形成される。

1 次の問いに答えましょう。

(1) 世界にある2つの造山帯のうち，太平洋を囲むように連な
る造山帯を何といいますか。　　　　　　　　　　　[　　　　　]

(2) 世界にある2つの造山帯のうち，ユーラシア大陸南部を東
西に連なる造山帯を何といいますか。　　　　　　　[　　　　　]

(3) 川が山地から平地に流れ出るところに，石や土砂が積もって
できた扇状の地形を何といいますか。　　　　　　　[　　　　　]

(4) 川が海へ流れ出るところに，石や土砂が積もってできた地
形を何といいますか。　　　　　　　　　　　　　　[　　　　　]

(5) 日本の太平洋側を南下してくる海流を何といいますか。
　　　　　　　　　　　　　　　　　　　　　　　　[　　　　　]

(6) 日本の太平洋側を北上してくる海流を何といいますか。
　　　　　　　　　　　　　　　　　　　　　　　　[　　　　　]

↗ ステップアップ

2 次の問いに答えましょう。

地図　　　　　　　　　　　　　図

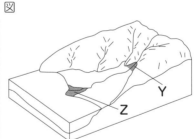

Xは環太平洋造山帯だよ。

(1) 地図中の**X**の造山帯に属する山脈を，次の**ア**〜**エ**から1つ選びなさい。
　　ア　アルプス山脈　　イ　アンデス山脈
　　ウ　ヒマラヤ山脈　　エ　アパラチア山脈　　　　　　　　[　　　　　]

(2) 図中の**Y・Z**に見られる，川によってつくられた地形をそれぞれ何といいますか。

Y[　　　　　]　　Z[　　　　　]

(3) 世界と比べた日本の河川の特徴を，次の**ア**〜**エ**から1つ選びなさい。
　　ア　長く，流れがおだやかである。　　イ　長く，流れが急である。
　　ウ　短く，流れがおだやかである。　　エ　短く，流れが急である。
　　　　　　　　　　　　　　　　　　　　　　　　　　　　[　　　　　]

第3章　日本の姿

2 日本の気候と災害

✔チェックしよう！

解説動画も
チェック！

☑ 日本の気候区分

日本海側の気候…冬の降水量が多い。

瀬戸内の気候…年降水量が少ない。

太平洋側の気候…夏の降水量が多い。

冬の季節風
（モンスーン）

夏の
季節風

北海道の気候…夏涼しく，冬の寒さが厳しい。

中央高地の気候…年降水量が少なく，冬が寒い。

南西諸島の気候…年降水量が多く，冬も温暖。

季節風の影響で，気候区分ごとに特徴が違うんだ。

☑ 日本の自然災害

日本は，火山の噴火や地震，津波のほか，台風や梅雨による洪水や土砂崩れ，干ばつ，冷害などにみまわれることがある。

確認問題

1 右の地図中の①〜⑥にあてはまる語句を，次のア〜カからそれぞれ選び，記号で答えましょう。

ア　日本海側　　イ　北海道　　ウ　太平洋側
エ　中央高地　　オ　瀬戸内　　カ　南西諸島

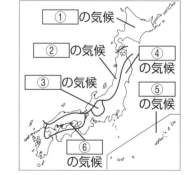

①　の気候
②　の気候
④　の気候
③　の気候
⑤　の気候
⑥　の気候

①	②	③

④	⑤	⑥

2 次の文の 　　 にあてはまることばを書きましょう。

・日本列島は，環太平洋造山帯に属していることから，火山の噴火や① 　　　　　が多い。

・北海道をのぞいた地域には，6〜7月に，雨が続く② 　　　　　の時期がある。

また，夏から秋にかけては，③ 　　　　　が発生・接近する。

1 次の問いに答えましょう。

(1) 本州と四国にはさまれた海の沿岸部に広がっている，一年を通して降水量が少ない日本の気候区分を何といいますか。

[ ]

(2) 本州の日本海側を中心に広がっている，冬の降水量が多い日本の気候区分を何といいますか。

[ ]

(3) 夏から秋にかけて発生し，接近する熱帯低気圧を何といいますか。

[ ]

(4) 北海道以外の地域でおこる，6〜7月ごろに雨が降り続く時期を何といいますか。

[ ]

ステップアップ

2 右の地図を見て，次の問いに答えましょう。

(1) 次のグラフを見て，あとの問いに答えなさい。

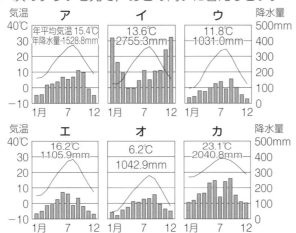

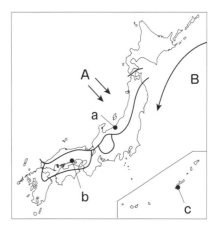

（「理科年表」2020/21 年版）

① a の都市の気温と降水量を表しているのは，グラフ中の**ア・イ**のどちらですか。

[ ]

② b の都市の気温と降水量を表しているのは，グラフ中の**ウ・エ**のどちらですか。

[ ]

③ c の都市の気温と降水量を表しているのは，グラフ中の**オ・カ**のどちらですか。

[ ]

(2) 地図中に **A** で示した季節風が吹（ふ）く季節は，夏と冬のどちらですか。

[ ]

(3) 地図中に **B** で示した寒流の上を吹く風が冷やされることによって，東北地方の太平洋側で，初夏に農作物が育ちにくくなる自然災害を何といいますか。

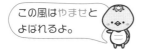

この風はやませとよばれるよ。

[ ]

3 世界と日本の人口

✔チェックしよう！

解説動画も
チェック！

☑ 世界の人口

世界人口は約78億人（2020年）で，6割がアジア州に集中する。アジアやアフリカの発展途上国では人口爆発で生活環境が悪化している地域がある。ヨーロッパや日本などの先進国では少子高齢化が進む。

（「世界国勢図会」2020/21年版）

☑ 日本の人口

東京・大阪・名古屋を中心とする三大都市圏に人口が集中している。都市では過密による問題，離島や山間部では過疎による問題がおこる。

日本の人口ピラミッドの移り変わり

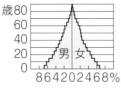

1930年 富士山型　1970年 つりがね型　2013年 つぼ型　（「日本国勢図会」2014/15年版ほか）

過疎とは，人口が減りすぎて地域の生活が成り立たなくなることをいうんだよ。

確認問題

1 次の文中の①〜⑧にあてはまる語句を，あとのア〜クからそれぞれ選び，記号で答えましょう。

> 世界の人口は約78億人（2020年）で，地域別に見ると　①　州の割合が最も高い。①州や　②　州の発展途上国では　③　による食料不足などが深刻である。日本は　④　の数が減り　⑤　の割合が高くなる　⑥　が進む。人口が集中する三大都市圏などの都市部では　⑦　が進むいっぽう，離島や山間部では人口減少により　⑧　が進む。

ア　子ども　　イ　アフリカ　　ウ　アジア　　エ　過密
オ　高齢者　　カ　人口爆発　　キ　少子高齢化　　ク　過疎

① 　　　② 　　　③ 　　　④

⑤ 　　　⑥ 　　　⑦ 　　　⑧

世界と日本の人口のようすをとらえよう。

1 次の問いに答えましょう。

(1) 世界の6つの州のうち，最も人口が多いのは何州ですか。

[　　　　　]

(2) 人口が急激に増える現象を何といいますか。

[　　　　　]

(3) 子どもの割合が減り，65歳以上の高齢者の割合が増えることを何といいますか。

[　　　　　]

(4) 富士山型やつぼ型などの形がある，男女別に年齢ごとの人口をグラフに表したものを何といいますか。

[　　　　　]

(5) 東京・大阪・名古屋を中心とする都市圏をまとめて何といいますか。

[　　　　　]

↗ ステップアップ

2 次の問いに答えましょう。

(1) 右のグラフを見て，次の問いに答えなさい。

① グラフ中の**A**にあてはまる州を答えなさい。

[　　　　　]

世界の州別人口割合

南北アメリカ州			
A 59.5%	B 17.2	C 9.6	13.1

D 0.5

(2020年)　(「世界国勢図会」2020/21年版)

② 人口爆発がおきている地域を，グラフ中の**A~D**から2つ選びなさい。

[　　] [　　]

(2) 右の**ア~ウ**の人口ピラミッドのうち，少子高齢化が最も進んでいるものを選びなさい。

[　　　　　]

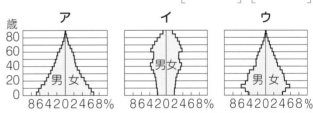

（「日本国勢図会」2014/15年版ほか）

(3) 右の地図を見て，次の問いに答えなさい。

① **X**を中心として広がる都市圏を何といいますか。

[　　　　　]

② **Y**県の山間部のようすを，次の**ア~エ**から1つ選びなさい。

ア 過密が進み，バスの本数や病院が減っている。

イ 過密が進み，交通渋滞や住宅不足の問題がある。

ウ 過疎が進み，バスの本数や病院が減っている。

エ 過疎が進み，交通渋滞や住宅不足の問題がある。

[　　　　　]

4 世界の資源と産業

✔チェックしよう！

解説動画も
チェック！

エネルギーの生産と消費

石油はペルシャ湾沿岸で，石炭は中国やインド，鉄鉱石は中国やオーストラリアの産出量が多い。エネルギーを使って行う発電は，火力発電・水力発電・原子力発電のほか，風力や太陽光，地熱発電など，再生可能エネルギーを使用するものがある。火力発電は温室効果ガスである二酸化炭素の排出が問題に，原子力発電は放射性廃棄物が問題になっている。

石油
● 石炭
▲ 鉄鉱石

日本は資源のほとんどを輸入にたよっているんだ。

産業分類

産業は，第一次産業（農林水産業），第二次産業（鉱業，製造業など），第三次産業（商業，サービス業）に分けられる。先進国は第三次産業の割合が高い。

確認問題

1 右の地図中の①～③にあてはまる語句を，次のア～ウからそれぞれ選び，記号で答えましょう。

ア　鉄鉱石　　イ　石炭　　ウ　石油

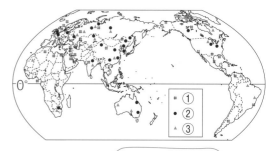

①
● ②
▲ ③

①[　　　]　②[　　　]　③[　　　]

2 次の文の[　　]にあてはまることばを書きましょう。

資源とエネルギーのようすをとらえよう。

・石油の生産がさかんな地域は，西アジアの ①[　　　　　　] 湾沿岸である。

・石炭の産出量が最も多い国は ②[　　　　　　] である。

・石炭や石油を利用する発電を ③[　　　　　　] 発電，ダムの水を利用する発電を

　④[　　　　　　] 発電，ウランなどを利用する発電を ⑤[　　　　　　] 発電という。

1 次の問いに答えましょう。

(1) 油田が多く見られる，西アジアにある湾を何といいますか。

[ ]

(2) 火力発電に使われるエネルギー資源で，中国やインド，オーストラリア東部で産出が多い鉱産資源は何ですか。

[ ]

(3) ウランなどを原料にした発電を何といいますか。

[ ]

(4) 風力や太陽光，地熱などのように，資源としてなくならないエネルギーを何といいますか。

[ ]

(5) 産業を3つに分類したとき，自動車工業や製鉄業は第何次産業に含まれますか。

[ ]

↗ ステップアップ

2 次の問いに答えましょう。

(1) 鉱産資源の産出割合を示した右のグラフ中のA～Cにあてはまる鉱産資源を，次のア～ウからそれぞれ選びなさい。

ア 鉄鉱石　　イ 石炭　　ウ 石油

A [ ]　B [ ]　C [ ]

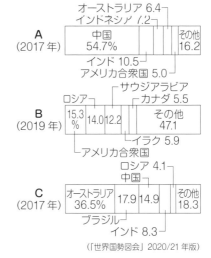

オーストラリア 6.4
インドネシア 7.2
A (2017年) 中国 54.7% その他 16.2
インド 10.5
アメリカ合衆国 5.0

サウジアラビア
ロシア カナダ 5.5
B (2019年) 15.3% 14.0 12.2 その他 47.1
イラク 5.9
アメリカ合衆国

ロシア 4.1
中国
C (2017年) オーストラリア 36.5% 17.9 14.9 その他 18.3
ブラジル
インド 8.3

(「世界国勢図会」2020/21年版)

(2) 火力発電で使用するエネルギーを，(1)のア～ウからすべて選びなさい。

[ ]

(3) 火力発電で排出が問題となっている，温室効果ガスを何といいますか。

[ ]

(4) 放射性廃棄物などの問題がある発電を何といいますか。

[ ]

(5) 右の日本の産業別人口割合を示したグラフを見て，次の問いに答えなさい。

① Aは第何次産業ですか。

[ ]

A 3.3%　　　　　　　不明 2.3
B 23.2　　C 71.2

(2017～2019平均)(「日本国勢図会」2020/21年版)

② Cに含まれる産業を，次のア～エから1つ選びなさい。

ア 食料品工業　　イ 教育　　ウ 製糸業　　エ 漁業

先進国は商業やサービス業の割合が高くなるよ。

[ ]

5 日本の農林水産業

✔チェックしよう！

解説動画もチェック！

農業

- 米…北海道・東北地方・新潟県の生産量が多い。
- 野菜…千葉県や茨城県など大都市周辺で、新鮮なまま収穫・出荷できる近郊農業が行われている。宮崎平野や高知平野では、温暖な気候を生かして、ビニールハウスなどを使って行う促成栽培がさかん。
- 果物…りんごは東日本、みかんは西日本中心に栽培がさかん。長野県や山梨県の扇状地では、ぶどうやももの果樹栽培。
- 畜産…北海道で酪農や肉牛の飼育が、九州地方南部の鹿児島県や宮崎県で肉牛や豚の飼育がさかん。

米の都道府県別生産割合

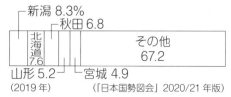

| 北海道7.6 | 新潟 8.3% | 秋田6.8 | その他 67.2 |

山形 5.2 ─ ┘ └─ 宮城 4.9
(2019年)　　　　　（「日本国勢図会」2020/21年版）

農業・林業・漁業いずれも高齢化と後継者不足に悩んでいるんだ。

林業・漁業

魚介類や木材は輸入が増加。漁業は、排他的経済水域の設定や水産資源の減少により、「とる漁業」である遠洋漁業・沖合漁業が衰退、沿岸漁業も漁獲量がのびていない。近年は「育てる漁業」である大きくなるまで育てる養殖漁業や、稚魚などを放流して大きくなったところをとる栽培漁業が注目されている。

確認問題

1 次の文中の①〜⑧にあてはまる語句を、あとのア〜クからそれぞれ選び、記号で答えましょう。

> 　大都市周辺の千葉県や　①　などでさかんな　②　は、野菜が新鮮な状態で出荷でき、輸送費が安くすむ。また温暖な気候の高知平野や　③　などでさかんな　④　は、ほかの地域と出荷時期をずらすことで野菜を高値で売ることができる。
>
> 　水産業はこれまでの「　⑤　」から、魚を育てて出荷する　⑥　や、稚魚などを放流し、大きくなってからとる　⑦　という「　⑧　」が注目されている。

| ア　栽培漁業 | イ　促成栽培 | ウ　育てる漁業 | エ　近郊農業 |
| オ　養殖漁業 | カ　とる漁業 | キ　茨城県 | ク　宮崎平野 |

| ① | ② | ③ | ④ |

日本の第一次産業のようすをとらえよう。

| ⑤ | ⑥ | ⑦ | ⑧ |

練習問題

1 次の問いに答えましょう。

(1) 大都市近郊で都市向けに野菜などを出荷する農業を何といいますか。 [   ]

(2) 温暖な気候を利用し，ビニールハウスなどの施設を使って野菜の早作りをする農業を何といいますか。 [   ]

(3) 魚や貝を大きくなるまで育てて，出荷する漁業を何といいますか。 [   ]

(4) 卵をふ化させ，稚魚などを海や川に放流して大きくなってからとる漁業を何といいますか。 [   ]

↗ ステップアップ

2 日本の農林水産業について，次の問いに答えましょう。

(1) 地図中の A～C の地域でさかんな農業を，次のア～ウからそれぞれ選びなさい。

　ア　近郊農業　　イ　促成栽培　　ウ　酪農

A [   ]　B [   ]　C [   ]

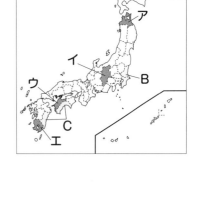

(2) 次の農産物の生産がさかんな県を，地図中のア～エからそれぞれ選びなさい。

① 肉　牛 [   ]　② りんご [   ]

③ ぶどう [   ]　④ みかん [   ]

(3) 米の都道府県別生産量を示した右のグラフ中の X にあてはまる都道府県名を答えなさい。

[   ]

X 8.3%
秋田 6.8
北海道 7.6
山形 5.2
宮城 4.9
その他 67.2
(2019 年)
（「日本国勢図会」2020/21 年版）

(4) 日本の林業の説明として正しいものを，次のア～エから選びなさい。

　ア　木材の輸入が増え，林業従事者が減り衰退した。
　イ　木材の輸出が増え，国産木材の需要が増えた。
　ウ　木材の輸入が増え，国産木材の需要ものびた。
　エ　木材の輸出が増え，林業従事者が減り衰退した。

[   ]

(5) 次のア～オを，「とる漁業」と「育てる漁業」にすべて分けなさい。

　ア　沿岸漁業　　イ　養殖漁業　　ウ　遠洋漁業　　エ　沖合漁業　　オ　栽培漁業

とる漁業 [   ]　　育てる漁業 [   ]

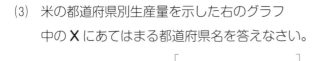

スマホでサクッとチェック ≫ P2

6 日本の工業

✔チェックしよう！

解説動画もチェック！

☑ 工業地帯と工業地域

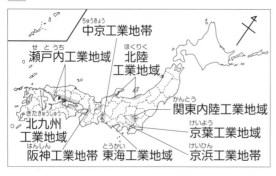

中京工業地帯
瀬戸内工業地域　北陸工業地域
関東内陸工業地域
北九州工業地帯
京葉工業地域
阪神工業地帯　東海工業地域　京浜工業地帯

工業がさかんで，人口が集中している帯状の地域を太平洋ベルトというんだ。

おもな工業地帯・地域の製造品出荷額等割合

	金属	機械	化学	食料品	せんい	その他
京浜工業地帯 26兆円	8.9%	機械49.4	化学17.7	11.0	0.4	その他12.6
中京工業地帯 58兆円	9.4%	69.4	6.2	4.7	0.8	9.5
阪神工業地帯 33兆円	20.7%	36.9	17.0	11.0	1.3	13.1
東海工業地域 17兆円	7.8%	51.7	11.0	13.7	0.7	15.1
瀬戸内工業地域 30兆円	18.6%	35.2	21.9	8.1	2.1	14.1
京葉工業地域 12兆円	21.5%	13.1	39.9	15.8	0.2	9.5
北九州工業地帯 10兆円	16.3%	46.6	5.6	16.9	0.5	14.1

(2017年)　　　（「日本国勢図会」2020/21年版）

☑ 工業と貿易

かつては原料を輸入し製品を輸出する加工貿易で栄えた。現在は海外に工場を移転し，現地生産がさかんになり，産業の空洞化が問題になっている。

確認問題

1 右の地図中の①〜④にあてはまる語句を，次のア〜エからそれぞれ選び，記号で答えましょう。

ア　阪神　　イ　京浜　　ウ　瀬戸内　　エ　中京

①　　　　　　②

工業のさかんな地域を覚えよう。

③　　　　　　④

④ 工業地域
③ 工業地帯　② 工業地帯　① 工業地帯

2 次の文の　　　　　にあてはまることばを書きましょう。

・日本は，原料を輸入し製品を輸出する ① 　　　　　　で栄えた。

・現在は海外に移転した工場での ② 　　　　　　が増え，産業の ③ 　　　　が問題になっている。

1 次の問いに答えましょう。

(1) 関東から九州北部の沿岸部に帯状に広がる工業がさかんな
地域をまとめて何といいますか。 [ ]

(2) 日本で最も製造品出荷額の多い工業地帯を何といいますか。 [ ]

(3) 東京都（とうきょう）から神奈川県（かながわ）の沿岸部に広がる工業地帯を何といい
ますか。 [ ]

(4) 瀬戸内海（せとないかい）沿岸に広がる，化学工業のさかんな工業地域を何
といいますか。 [ ]

(5) 日本企業（きぎょう）が海外に工場を移転し，現地の労働力を使って製
品を生産することを何といいますか。 [ ]

↗ ステップアップ

2 次の問いに答えましょう。

(1) 製造品出荷額等を示した次のグラフと地図を見て，あとの問いに答えなさい。

	金属	機械		食料品	せんい0.5 その他
ア 10兆円	16.3%	機械46.6	5.6	16.9	14.1
イ 26兆円	8.9%	49.4	化学17.7	11.0	0.4 12.6
ウ 33兆円	20.7%	36.9	17.0	11.0	1.3 13.1
エ 58兆円	9.4%	69.4	6.24.7		0.8 9.5

(2017年) （「日本国勢図会」2020/21年版）

① 地図中の **a** の工業地帯の製造品出荷額等割合を表しているのは，
グラフ中の**ア・イ**のどちらですか。 [ ]

② 地図中の **b** の工業地帯の製造品出荷額等割合を表しているのは，
グラフ中の**ウ・エ**のどちらですか。 [ ]

③ 地図中の **c** の工業地帯を何といいますか。 [ ]

(2) 日本の貿易について説明した文として正しいものを，次の**ア～エ**から１つ選びなさい。

ア おもに製品を輸出する貿易から，原料を輸入する貿易へと変化した。

イ おもに原料を輸入し製品を輸出する貿易から，製品を輸入する貿易へと変化した。

ウ おもに製品を輸入する貿易から，原料を輸出する貿易へと変化した。

エ おもに原料を輸出し製品を輸入する貿易から，原料を輸入する貿易へと変化した。

輸入と輸出の移り変わりを考えよう。 [ ]

7 発展するさまざまな産業

✔チェックしよう！

解説動画も
チェック！

商業

商業の中心が商店街からコンビニエンスストアやスーパーマーケット，百貨店に変化し，さらに郊外に大型ショッピングセンターが進出している。近年はインターネットを利用した買い物も普及している。

サービス業

目に見えないものを提供する業種をサービス業という。情報通信業，金融・保険業，不動産業は都市部に多い。情報技術の発展により社会や生活が変化するIT革命がおこり，情報通信業の売り上げが増加した。高齢化が進んだことから医療・福祉業も成長している。

第三次産業の変化

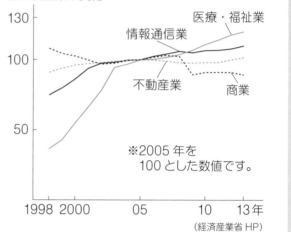

※2005年を100とした数値です。

（経済産業省HP）

第三次産業は，ものの生産に直接かかわらない産業だよ。

確認問題

1 次の文中の①〜⑧にあてはまる語句を，あとのア〜クからそれぞれ選び，記号で答えましょう。

> 卸売業と ① からなる ② の従事者数は減少傾向にある。いっぽうで増えているのは目に見えないものを提供する ③ である。特に情報技術の発展で ④ が売り上げをのばし，世界に網の目のように広がる通信網である ⑤ を利用して買い物が行われるなど，人々の生活のようすも変化した。このような変化を ⑥ という。また，高齢化の進展で ⑦ も成長している。このほか，人口の多い都市部では金融・保険業や ⑧ が多く見られる。

ア　IT革命　　　　イ　不動産業　　　ウ　商業　　　　エ　インターネット
オ　サービス業　　カ　小売業　　　　キ　情報通信業　ク　医療・福祉業

①	②	③	④

⑤	⑥	⑦	⑧

第三次産業のようすをとらえよう。

1 次の問いに答えましょう。

(1) 第三次産業のうち，卸売業や小売業を何といいますか。 [　　　　　]

(2) 近年，郊外に進出している，さまざまな種類の店が集まった大型の建物を何といいますか。 [　　　　　]

(3) 情報通信業や金融・保険業などをまとめて何といいますか。 [　　　　　]

(4) 世界に網の目のようにはりめぐらされた通信網を何といいますか。 [　　　　　]

(5) 情報技術の発展により，社会や生活のようすが変化したことを何といいますか。 [　　　　　]

↗ ステップアップ

2 次の問いに答えましょう。

(1) 右の地図中のア〜エのうち，第三次産業に従事している人の割合が最も高い都道府県を選びなさい。 [　　　　]

(2) 次のア〜オのうち，①商業にあてはまるものと，②サービス業にあてはまるものをそれぞれ1つ選びなさい。

ア　製造業　　イ　農業　　ウ　小売業
エ　建設業　　オ　電気・ガス・水道業

① [　　　] ② [　　　]

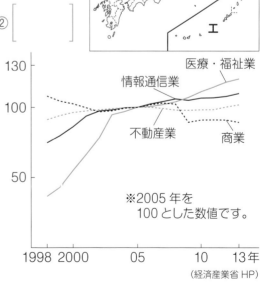

(3) 第三次産業の規模の変化を示した右のグラフを見て，次の問いに答えなさい。

① 医療・福祉業が成長している理由として最も適切なものを，次のア〜エから選びなさい。

ア　子どもの死亡率が高いから。
イ　高齢化が進んでいるから。
ウ　人口爆発がおきているから。
エ　人口減少がいちじるしいから。

[　　　　]

※2005年を100とした数値です。

1998 2000　　05　　　10　　13年
（経済産業省HP）

医療・福祉業
情報通信業
不動産業
商業

② IT革命によって重要度が高まったものを，グラフ中から1つ選んで書きなさい。 [　　　　]

8 日本と世界のつながり

解説動画もチェック！

✔チェックしよう！

☑ **運輸と交通**

国内輸送は，高速道路網の発達により自動車輸送が中心になった。外国との貿易では，重くてかさばる品物は海上輸送，高価で軽量なものは航空輸送で運ばれる。

☑ **貿易**

輸出が多い貿易黒字の国と輸入が多い貿易赤字の国との間でおこる貿易摩擦などの課題を解決するため，世界貿易機関（WTO）が話しあいを行っている。

日本企業は貿易摩擦を解消するため，工場の海外移転を進めたんだ。

日本の貨物輸送の移り変わり

鉄道 539　自動車 207

1965年度　船舶 636

2018年度　2121　1790　航空機 1

194

2000　4000　6000億tkm

（「日本国勢図会」2020/21年版）

日本のおもな貿易相手国

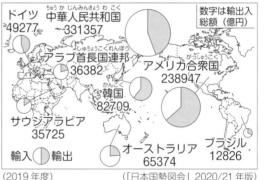

ドイツ 49277
中華人民共和国 331357
アラブ首長国連邦 36382
アメリカ合衆国 238947
韓国 82709
サウジアラビア 35725
オーストラリア 65374
ブラジル 12826

数字は輸出入総額（億円）

輸入◐輸出

（2019年度）　　（「日本国勢図会」2020/21年版）

確認問題

1 次の文中の①〜⑩にあてはまる語句を，あとのア〜コからそれぞれ選び，記号で答えましょう。

> 国内輸送は ① の発達により，戸口から戸口へ荷物を運べるという利点がある ② が中心となった。貿易では石油や ③ など重くてかさばるものは ④ ， ⑤ など軽量・高価なものは ⑥ で輸送される。日本は ⑦ が多いことから貿易相手国との間で ⑧ がおこり， ⑨ を増やすよう求められてきた。このような貿易上の問題を解決する機関として ⑩ がある。

ア　輸入　　イ　航空機　　ウ　集積回路　　エ　WTO　　オ　高速道路網
カ　船舶　　キ　自動車　　ク　自動車輸送　ケ　輸出　　コ　貿易摩擦

①	②	③	④	⑤

⑥	⑦	⑧	⑨	⑩

1 次の問いに答えましょう。

(1) 石油や鉄鋼などを輸送するのに適し，時間がかかる分，安く品物を運ぶことができる輸送方法は何ですか。[　　　　　]

(2) 集積回路や生鮮品を輸送するのに適し，輸送費がかかる分，早く品物を運ぶことができる輸送方法は何ですか。[　　　　　]

(3) おもに国家間で輸出入のバランスがくずれることでおこる，貿易上の問題を何といいますか。[　　　　　]

(4) 国家間の貿易上の問題を解決することを目的とした，国際機関の略称を何といいますか。[　　　　　]

↗ ステップアップ

2 次の問いに答えましょう。

(1) 日本の貨物輸送の移り変わりを示した右のグラフを見て，次の問いに答えなさい。

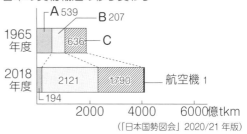

日本の貨物輸送の移り変わり

1965年度　A 539　B 207　636 — C
2018年度　194　2121　1790　航空機 1

2000　4000　6000億tkm
（「日本国勢図会」2020/21 年版）

① **A** にあてはまる輸送機関を，次の**ア〜エ**から１つ選びなさい。

ア　自動車　　イ　航空機
ウ　鉄道　　　エ　船舶　[　　　　]

② **B** の割合が高まった理由を，次の**ア〜エ**から１つ選びなさい。

ア　多くの線路が整備されたから。
イ　高速道路網が整備されたから。
ウ　ほかの輸送機関より早く運べるから。
エ　ほかの輸送機関より大量のものを運べるから。[　　　　]

③ **C** の輸送機関でおもに運ばれるものを，次の**ア〜エ**から２つ選びなさい。

ア　自動車　　イ　花　　ウ　集積回路　　エ　鉄鋼　[　　][　　]

(2) 貿易赤字の国の経済について説明した文を，次の**ア〜エ**から１つ選びなさい。

ア　雇用が増える。　　　イ　景気が良くなる。
ウ　産業が衰退する。　　エ　輸入を増やす。[　　　　]

(3) WTO の役割を，次の**ア〜エ**から１つ選びなさい。

ア　国家間の貿易摩擦をより進める。
イ　国家間の貿易で品物の輸送を行う。
ウ　貿易赤字国に資金援助をする。
エ　国家間の貿易上の問題を解決する。

WTO は世界貿易機関のことだよ。

[　　　　]

9 日本の地域区分と都道府県

✔チェックしよう！

日本の都道府県と地方区分

1都1道2府43県の47都道府県があり，7つの地方に分けられる。

近畿地方…三重県，滋賀県，京都府，大阪府，兵庫県，奈良県，和歌山県の2府5県。

中国・四国地方…鳥取県，島根県，岡山県，広島県，山口県，徳島県，香川県，愛媛県，高知県の9県。

九州地方…福岡県，佐賀県，長崎県，熊本県，大分県，宮崎県，鹿児島県，沖縄県の8県。

中部地方…福井県，石川県，富山県，新潟県，山梨県，長野県，岐阜県，静岡県，愛知県の9県。

北海道地方…北海道の1道。

東北地方…青森県，岩手県，宮城県，秋田県，山形県，福島県の6県。

関東地方…茨城県，栃木県，群馬県，埼玉県，千葉県，東京都，神奈川県の1都6県。

都道府県名と都道府県庁所在地名が異なる都道府県もあるよ。

確認問題

1 右の地図中の①〜⑦の都道府県名を，次のア〜キからそれぞれ選び，記号で答えましょう。

ア　岐阜県　　イ　徳島県　　ウ　京都府
エ　鳥取県　　オ　熊本県　　カ　宮城県
キ　栃木県

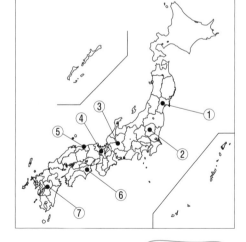

①	②	③

④	⑤	⑥

⑦

2 次の①〜⑤の各都道府県の都道府県庁所在地名をそれぞれ答えましょう。

①群馬県　　②沖縄県　　③愛媛県
④岩手県　　⑤兵庫県

都道府県名と都道府県庁所在地名を覚えよう。

①	②	③	④	⑤

1 次の問いに答えましょう。

(1) 日本には都道府県が全部でいくつありますか。

[   ]

(2) 茨城県の県庁所在地はどこですか。

[   ]

(3) 九州地方には，いくつの県がありますか。

[   ]

(4) 福島県は何地方に属していますか。

[   ]

(5) 奈良県は何地方に属していますか。

[   ]

↗ ステップアップ

2 右の地図を見て，次の問いに答えましょう。

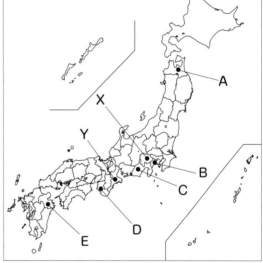

(1) 地図中の **A ～ E** の都道府県のうち，都道府県名と都道府県庁所在地名が異なる都道府県を１つ選び，記号で答えなさい。

[   ]

(2) 地図中の **X・Y** の都道府県は，それぞれ何地方に属しているか。7 地方区分をもとに答えなさい。

X[   ] Y[   ]

(3) まったく海に面していない都道府県を，次の**ア～ケ**よりすべて選び，記号で答えなさい。

ア　愛知県　　イ　奈良県　　ウ　佐賀県　　エ　山形県　　オ　埼玉県
カ　岡山県　　キ　東京都　　ク　岐阜県　　ケ　京都府

[   ]

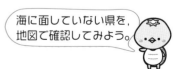

海に面していない県を，地図で確認してみよう。

1 九州地方①

✔チェックしよう！

解説動画もチェック！

☑ 九州地方の自然と農業

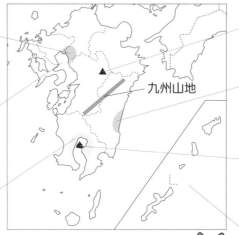

筑紫平野…古くからの稲作地帯。米と麦との二毛作。

阿蘇山…大規模なカルデラがある。

有明海…のりの養殖。干拓が行われてきた。

宮崎平野…野菜の促成栽培がさかん。

シラス台地…火山灰が積もった水はけのよい台地。畜産や畑作がさかん。

桜島…噴火によって大隅半島と陸続きになった。

南西諸島…さんごしょうが見られる。

火山が多く，温泉や地熱発電に利用されているんだ。

確認問題

1 右の地図中の①〜⑧にあてはまる語句を，次のア〜クからそれぞれ選び，記号で答えましょう。

ア　阿蘇　　イ　宮崎　　ウ　筑紫　　エ　九州
オ　有明　　カ　桜島　　キ　シラス　　ク　南西

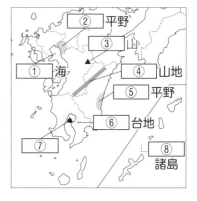

① 　　　　②　　　　③　　　　④

⑤ 　　　　⑥　　　　⑦　　　　⑧

2 次の文の　　　にあてはまることばを書きましょう。

・南西諸島周辺の暖かく浅い海には，さんごの死がいなどが重なってできた

① 　　　　が見られる。

 九州の自然と農業をおさえよう。

・九州南部の火山灰が積み重なってできた　②　　　では，　③　　　や畑作がさかんである。

1 次の問いに答えましょう。

(1) 同じ耕地で，米と麦など一年に二種類の農作物を栽培する
農業を何といいますか。 [   ]

(2) 阿蘇山に見られる，火山の噴火などによってできた大きな
くぼ地を何といいますか。 [   ]

(3) 九州南部にある，火山灰などが堆積_{たいせき}してできた白っぽい台
地を何といいますか。 [   ]

(4) 九州を代表する稲作地帯である平野を何といいますか。 [   ]

↗ ステップアップ

2 次の問いに答えましょう。

(1) 右の地図中の **X** の山地を何といいますか。

[   ]

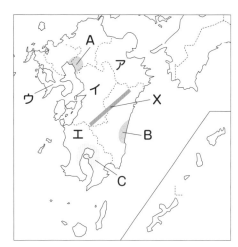

(2) 地図中の **A〜C** の地域の農業について述べて
いるものを，次の**ア〜ウ**からそれぞれ選びな
さい。

ア 温暖な気候を利用して，きゅうりの促成
栽培がさかんである。

イ 水はけのよい地質が稲作に向かず，畜産
や畑作がさかんになった。

ウ 九州を代表する稲作地帯で，米の裏作と
して麦を栽培している。

A[   ] B[   ] C[   ]

(3) 右のグラフ中の**あ**にあてはまる県を，
地図中の**ア〜エ**から１つ選びなさい。

[   ]

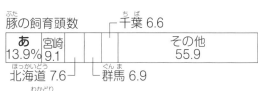

豚の飼育頭数

あ 13.9%	宮崎 9.1			千葉 6.6	その他 55.9

北海道 7.6 — 群馬 6.9

肉用若鶏の飼養羽数

宮崎 20.4%	あ 20.2	岩手 15.7			その他 35.1

青森 5.0 — 北海道 3.6

(2017〜2019 平均)　　　（「日本国勢図会」2020/21 年版）

(4) 九州地方は火山活動がさかんな地域で
す。次の**ア〜エ**のうち，火山活動と関
係のないこととして最も適切なものを
１つ選びなさい。

ア シラス台地　イ 地熱発電
ウ カルデラ　エ さんごしょう [   ]

さんごしょうはさんごの死がい
などが積み重なってできるよ。

2 九州地方②

✔チェックしよう！

九州地方の工業

明治時代に現在の北九州市に八幡製鉄所が建設され，鉄鋼業がさかんになった。北九州工業地域は日本の重工業の中心だったが，1960年代以降，エネルギー源が石炭から石油にかわるエネルギー革命が進み衰退した。現在はICなどの機械工業への転換が図られている。

九州地方の環境保全

工業が発展する中で水や空気の汚染が進み，北九州市では工場からの排煙でぜんそくが引きおこされ，熊本県水俣市では化学工場が排出したメチル水銀が原因で水俣病が発生するなどの健康被害がでた。この教訓を生かし，ごみの分別やリサイクル，環境保全に取り組んだことで，水俣市や北九州市は国から環境モデル都市に指定された。

九州地方の工業と都市

北九州工業地域

水俣

○IC工場

> IC工場は空港や高速道路の近くに多く分布しているんだ。

確認問題

1 次の文中の①〜⑧にあてはまる語句を，あとのア〜クからそれぞれ選び，記号で答えましょう。

> 　九州地方では，明治時代に現在の ① 市に建てられた官営工場の ② により， ③ が栄えた。 ④ は戦前まで日本の鉄鋼の半分以上を生産し，日本の重工業の中心となったが，1960年代以降は ⑤ が進んで衰退し，現在は ⑥ への転換を図っている。また，工業の発展で環境破壊が進み， ⑦ 市で⑦病が発生するなどしたが，環境改善に取り組んだことで，現在は ⑧ に指定されている。

| ア | 機械工業 | イ | 水俣 | ウ | 北九州 | エ | エネルギー革命 |
| オ | 八幡製鉄所 | カ | 環境モデル都市 | キ | 鉄鋼業 | ク | 北九州工業地域 |

| ① | ② | ③ | ④ |

| ⑤ | ⑥ | ⑦ | ⑧ |

> 九州地方の工業と環境保全についておさえよう。

1 次の問いに答えましょう。

(1) 明治時代に現在の北九州市に建設された官営工場を何といいますか。

(2) 福岡県にある，第二次世界大戦前まで，日本の鉄鋼の半分以上を生産していた工業地域を何といいますか。

(3) エネルギー源が石炭から石油にかわったことを何といいますか。

(4) 化学工場から流れ出たメチル水銀が原因となり，熊本県を中心に引きおこされた公害を何といいますか。

↗ ステップアップ

2 次の問いに答えましょう。

(1) 右の地図中の **X** に広がる工業地域について，次の問いに答えなさい。

① **X** の工業地域を何といいますか。

② この工業地域が形成されるきっかけとなった官営工場を何といいますか。

(2) 地図中の○がおもな分布を示している工場を，次の**ア**〜**エ**から１つ選びなさい。

ア 自動車工場　　イ 化学工場
ウ IC工場　　　　エ 食料品工場

鉄鋼業から機械工業への転換が図られているよ。

(3) **Y** の都市について，次の問いに答えなさい。

① **Y** の都市で発生した四大公害病について，次の**A・B**にあてはまる語句を答えなさい。

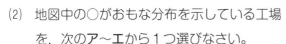

> **Y** で発生した　**A**　は，化学工場が排出した　**B**　によって汚染された魚を人が食べたことで引きおこされた。

A [　　　　　　　]　B [　　　　　　　]

② **Y** の都市は，現在環境モデル都市に登録されています。この都市名を答えなさい。

第４章　日本の諸地域

3 中国・四国地方①

解説動画も
チェック！

✔チェックしよう！

☑ 中国・四国地方の自然

瀬戸内海周辺…中国山地と四国山地に季節風がさえぎられ，年間を通じて降水量が少ない瀬戸内の気候。

中国山地と四国山地が季節風をさえぎっているんだ。

日本海側…冬の季節風が中国山地にぶつかり，冬に降水量が多い日本海側の気候。

太平洋側…夏の季節風が四国山地にぶつかり，夏に降水量が多い太平洋側の気候。

☑ 人口の分布

地方中枢都市の広島市に人口が集まり，過密となっている。山陰や四国地方の南部，離島では少子高齢化が進み，人口減少による過疎化が進む。

確認問題

1 右の地図中の①～⑥にあてはまる語句を，次のア～カからそれぞれ選び，記号で答えましょう。

ア　四国　　イ　瀬戸内　　ウ　日本海
エ　中国　　オ　太平洋　　カ　高知

① 　　　② 　　　③

④ 　　　⑤ 　　　⑥

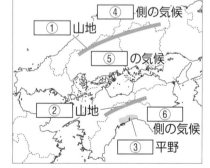

④ 側の気候
① 山地
⑤ の気候
② 山地
⑥ 側の気候
③ 平野

中国・四国地方の自然と人口のようすをとらえよう。

2 次の文の □ にあてはまることばを書きましょう。

・中国・四国地方の人口は，中国・四国地方の ① 　　　　　都市である広島に集まっている。

・離島や山間部では，人口が減少して生活の維持が困難になる ② 　　　　　化が進んでいる。

54

1 次の問いに答えましょう。

(1) 冬の季節風がぶつかる，中国地方を東西に走る山地を何と
いいますか。 [ ]

(2) 夏の季節風がぶつかる，四国地方を東西に走る山地を何と
いいますか。 [ ]

(3) 本州と四国の間に広がる海を何といいますか。 [ ]

(4) 中国・四国地方の地方中枢都市はどこですか。 [ ]

↗ ステップアップ

2 次の問いに答えましょう。

地図1

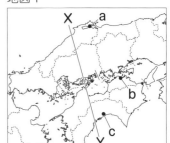

(1) 地図1を見て，次の問いに答えなさい。

① a～c の都市の気温と降水量を示したグラフを，
次のア～ウからそれぞれ選びなさい。

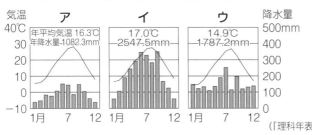

（「理科年表」2013年版）

a [ ] b [ ] c [ ]

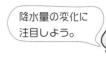

降水量の変化に
注目しよう。

② 右の図は，X－Y の断面の模式図です。夏
の季節風は，ア・イのどちらですか。

[ ]

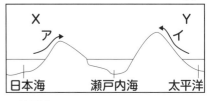

(2) 地図2中の ▨ で示した地域の人口のようす
を，次のア～エから1つ選びなさい。

ア 人口が増え続け，住宅不足や交通渋滞がお
こっている。

イ 人口が減り続け，過疎化と高齢化が進んでいる。

ウ 人口が増え続け，過疎化と高齢化が進んでいる。

エ 人口が減り続け，住宅不足や交通渋滞がおこっ
ている。

[ ]

地図2

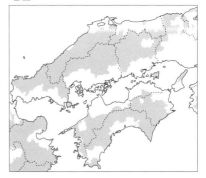

4 中国・四国地方②

✔チェックしよう！

☑ **中国・四国地方の産業**

愛媛県では斜面でみかん栽培が，高知平野では温暖な気候を利用した野菜の促成栽培が行われている。瀬戸内海で行う広島のかき，愛媛のまだいの養殖業が有名。

瀬戸内海沿岸は水上交通の便がよいことから，瀬戸内工業地域が発達した。福山（広島県）は製鉄，石油化学コンビナートのある水島（岡山県倉敷市），周南（山口県），新居浜（愛媛県）などで石油化学工業，呉（広島県）などで造船業，広島市で自動車工業がさかんである。

☑ **中国・四国地方の交通**

高速道路や新大阪駅－博多駅を結ぶ山陽新幹線が中国地方の東西を結ぶ。本州と四国の間に本州四国連絡橋がつくられたことで四国から本州へ買い物に行く人が増え，四国の経済が打撃を受けた。

瀬戸内工業地域
山陽新幹線
しまなみ海道
瀬戸大橋
明石海峡大橋
かきの養殖
高知平野
まだいの養殖
野菜の促成栽培

本州と四国を結ぶフェリーは橋の影響で減便になったんだよ。

確認問題

1 右の地図中の①〜⑤にあてはまる語句を，次のア〜オからそれぞれ選び，記号で答えましょう。

ア　瀬戸大橋　　イ　山陽　　ウ　かき
エ　しまなみ　　オ　まだい

① 新幹線　② 海道　③
④ の養殖　⑤ の養殖

①	②	③

④	⑤

2 次の文の ◻ にあてはまることばを書きましょう。

中国・四国地方の産業と交通のようすをとらえよう。

・高知平野では，温暖な気候を生かして野菜の ① ◻ が行われている。

・愛媛県の山地の斜面では，② ◻ の栽培が行われている。

・本州と四国の間につくられた橋（ルート）をまとめて ③ ◻ という。

練習問題

1 次の問いに答えましょう。

(1) 高知平野でさかんな，温暖な気候を利用して行う野菜の早
づくりを何といいますか。　[　　　　　　　　]

(2) 瀬戸内海で行われている，まだいやかきを大きくなるまで
育てる漁業を何といいますか。　[　　　　　　　　]

(3) 関連する工場が原料や製品を利用しあって生産の効率を高
めるために計画的につくられた工場群を何といいますか。　[　　　　　　　　]

(4) 中国地方の南部を東西に走る新幹線を何といいますか。　[　　　　　　　　]

↗ ステップアップ

2 右の地図を見て，次の問いに答えましょう。

(1) Xの工業地域を何といいますか。

[　　　　　　　　]

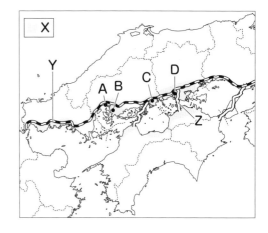

(2) 地図中のA〜Dの都市でさかんな工業
を，次のア〜エからそれぞれ選びなさい。
　ア　鉄鋼業　　　イ　造船業
　ウ　自動車工業　エ　石油化学工業

A [　　]　　B [　　]

C [　　]　　D [　　]

(3) Yの新幹線を何といいますか。　[　　　　　　　　]

(4) 地図中にルートを示した本州四国連絡橋について，次の問いに答えなさい。
① Zのルートの橋を総称して何といいますか。　[　　　　　　　　]

② 本州四国連絡橋ができたことによる変化としてあてはまらないものを，次のア〜
エから1つ選びなさい。
　ア　本州－四国間を移動するとき，天候の影響を受けにくくなった。
　イ　本州－四国間を移動する人が増えたことで，フェリーの便数も増加した。
　ウ　四国から本州に買い物へ行く人が増え，四国の経済が打撃を受けた。
　エ　四国の農産物や水産物が，関西の大都市圏へ出荷しやすくなった。

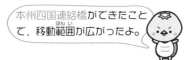

本州四国連絡橋ができたこと
で，移動範囲（はんい）が広がったよ。

[　　　　]

5 近畿地方①

✔チェックしよう！

解説動画も
チェック！

☑ 近畿地方の自然

北部…山がちで，冬の降水量が多い日本海側の気候。

中央…低地で平野や盆地があり，人口が集中。

南部…温暖で降水量が多い太平洋側の気候，古くから，すぎやひのきの産地として林業がさかん。

若狭湾

京都盆地

阪神工業地帯

奈良盆地

紀伊山地

琵琶湖…面積日本一の湖で，「近畿の水がめ」とよばれる。

リアス海岸…英虞湾では真珠の養殖がさかん。

大阪大都市圏は大阪を中心に京都や神戸，奈良などが含まれるんだ。

☑ 近畿地方の産業

大阪湾沿岸に広がる阪神工業地帯は，せんい工業を中心に発展し，現在は機械工業がさかん。東大阪市周辺には，小さな部品製造から先端技術産業まで，さまざまなものをつくる中小工場が多い。人口の多い大都市周辺では，近郊農業がさかん。

確認問題

1 次の文中の①〜⑩にあてはまる語句を，あとのア〜コからそれぞれ選び，記号で答えましょう。

> 　近畿地方の北部は，　①　の気候に属し，　②　の降水量が多い。中央は　③　盆地や奈良盆地，「近畿の　④　」とよばれる　⑤　湖がある。南部は　⑥　の気候で，温暖で降水量が多く，　⑦　山地などで林業がさかん。また，若狭湾や英虞湾には　⑧　海岸が見られる。大阪湾沿岸には　⑨　工業地帯が発達している。東大阪市などには，さまざまなものをつくる　⑩　が多く集まっている。

ア　琵琶　　　イ　冬　　　ウ　中小工場　　エ　太平洋側　　オ　水がめ
カ　リアス　　キ　紀伊　　ク　日本海側　　ケ　阪神　　　　コ　京都

近畿地方の自然と産業をとらえよう。

①	②	③	④	⑤

⑥	⑦	⑧	⑨	⑩

1 次の問いに答えましょう。

(1) 「近畿の水がめ」とよばれる，日本一面積の大きな湖を何といいますか。 [   ]

(2) すぎやひのきの生産が行われてきた，林業がさかんな近畿地方南部の半島を東西に走る山地を何といいますか。 [   ]

(3) 大阪湾沿岸に広がる工業地帯を何といいますか。 [   ]

(4) 大阪を中心に，京都や神戸，奈良など人やものの移動で強い結びつきを持つ地域を何といいますか。 [   ]

(5) 東大阪市などに多い，比較的規模の小さい工場を，大工場に対して何といいますか。 [   ]

📈 ステップアップ

2 次の問いに答えましょう。

(1) 右の地図中の **A** の湖，**B** の盆地，**C** の山地の名前を答えなさい。

A [   ] B [   ]

C [   ]

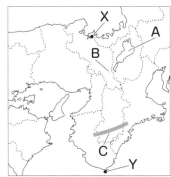

(2) 右の気温と降水量があてはまる都市を，地図中の **X・Y** からそれぞれ選びなさい。

a [   ] b [   ]

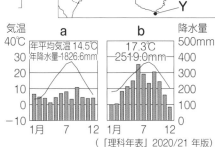

（「理科年表」2020/21 年版）

(3) 右の北九州工業地域，京浜工業地帯，阪神工業地帯の製造品出荷額等割合を示した**ア～ウ**のグラフのうち，阪神工業地帯を示すものを1つ選びなさい。 [   ]

	金属		機械		食料品		せんい0.5
ア 10兆円	16.3%		機械46.6	5.6	16.9		その他14.1
イ 26兆円	8.9%		49.4	化学17.7	11.0	12.6	0.4
ウ 33兆円	20.7%		36.9	17.0	11.0	13.1	1.3

(2017年)　　　　　　（「日本国勢図会」2020/21年版）

(4) 近畿地方の農業について述べているものを，次の**ア～エ**から1つ選びなさい。

ア 水田単作地帯で米の生産がさかんである。

イ 都市部へ向けた野菜の近郊農業がさかんである。

ウ 広い耕地で大型機械を使った耕作がさかんである。

エ シラス台地で肉用牛や豚などの畜産がさかんである。

[   ]

6 近畿地方②

✔チェックしよう！

☑ **近畿地方の歴史**

世界文化遺産が多数存在。かつて奈良には平城京，京都には平安京が置かれ，どちらも古い歴史を持つ古都となっているため，歴史的景観を維持する努力がなされている。地方別の国宝・重要文化財に登録されているものの数は，近畿地方が最も多く，近畿地方の中では京都府，奈良県，滋賀県の順になっている。大阪は江戸時代に全国から物資が集まる商業の拠点であったことから「天下の台所」とよばれた。

☑ **近畿地方の発展**

神戸を中心に，1995年に阪神・淡路大震災の被害を受けたが，今後に備えて対策が進められている。鉄道路線沿いに人口が多く，郊外にはニュータウンがつくられている。

ニュータウンは郊外につくられた住宅地だよ。

・○ 世界文化遺産
古都京都の文化財
京都
姫路城
古都奈良の文化財
大阪
奈良
百舌鳥・古市古墳群
法隆寺地域の仏教建造物
紀伊山地の霊場と参詣道

確認問題

1 次の文の ▢ にあてはまることばを書きましょう。

・奈良には710年に都として ① ▢ が，京都には794年に都として

② ▢ が置かれた。

・大阪は江戸時代に ③ ▢ とよばれ，商業の中心地として栄えた。

・神戸を中心に1995年に ④ ▢ の被害を受けたあと，災害への対策が行われている。

・近畿地方では，鉄道沿いに人口が分布し，郊外に住宅地として ⑤ ▢ がつくられた。

・「古都奈良の文化財」「姫路城」「紀伊山地の霊場と参詣道」などは，⑥ ▢ に登録されている。

近畿地方の歴史と発展のようすをとらえよう。

1 次の問いに答えましょう。

(1) 奈良や京都のように，政治の中心として古くからの歴史が
ある都市を何といいますか。 [   ]

(2) 江戸時代に「天下の台所」とよばれ，商業の中心地として
栄えた都市はどこですか。 [   ]

(3) 都市部の過密化を防ぐため，郊外につくられた住宅地を何
といいますか。 [   ]

(4) 兵庫県にある，世界文化遺産に登録されている城を何とい
いますか。 [   ]

📈 ステップアップ

2 次の問いに答えましょう。

(1) 次の説明があてはまる都市の名前を答えなさい。
また，その位置を右の地図中の**X〜Z**からそれぞ
れ選びなさい。
① 奈良時代に平城京が置かれた古都。
② 平安時代に平安京が置かれた古都。
③ 江戸時代に「天下の台所」とよばれた商業の
中心地。

① [   ] [   ]

② [   ] [   ]

③ [   ] [   ]

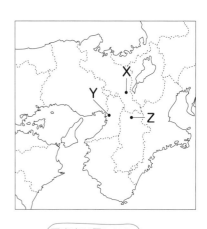

平安京が置かれた
のは京都だよ。

(2) 近畿地方の住宅地のようすについてあてはまるものを，次の**ア〜エ**から１つ選びなさい。
ア 大きな道路のみに沿って住宅地が造成されている。
イ どの地域も人口が少なく，まばらに住宅地ができている。
ウ 郊外につくられた住宅地は，鉄道の沿線に造成されている。
エ 住宅地は線路などがなく，広い土地を得られる内陸部に広がっている。 [   ]

(3) 都道府県別国宝・重要文化財登録数の割合を
示した右のグラフの，**A・B**にあてはまる都
道府県名を答えなさい。

A [   ] B [   ]

滋賀県 6.1				その他	中部10.1	
A 16.9%	B 10.7	12.9		関東 27.4		その他 16.0
近畿 46.5						

(2020年)　　　　　　　　　　　　（文化庁 HP）

7 中部地方①

✔チェックしよう！

☑ **中部地方の自然と農業**

日本アルプス…北から並ぶ，飛驒山脈・木曽山脈・赤石山脈の総称。3000m 級の山々が連なる。

中央高地…高原を中心にレタスやはくさいなどの抑制栽培。扇状地でりんご・ぶどう・ももなど果物を栽培。

濃尾平野…水害に備えた輪中が見られる。

北陸…稲作だけを行う水田単作がさかんで，新潟県のコシヒカリは銘柄米として有名。

信濃川…日本一長い河川。下流に越後平野が広がる。

東海…渥美半島でメロンや電照ぎくなどの施設園芸農業。静岡県で茶やみかんの栽培がさかん。

越後平野

渥美半島

渥美半島では用水で水を確保しているんだよ。

解説動画もチェック！

確認問題

1 右の地図中の①〜⑧にあてはまる語句を，次のア〜クからそれぞれ選び，記号で答えましょう。

ア　濃尾平野　　イ　赤石山脈　　ウ　木曽山脈
エ　飛驒山脈　　オ　越後平野　　カ　信濃川
キ　渥美半島　　ク　日本アルプス

① [　　　]　② [　　　]　③ [　　　]　④ [　　　]

⑤ [　　　]　⑥ [　　　]　⑦ [　　　]　⑧ [　　　]

2 次の文の [　　　] にあてはまることばを書きましょう。

・中央高地の高原では，冷涼な気候を利用してレタスなどをつくる ① [　　　　　　] が，

北陸は稲だけを育てる ② [　　　　　　] が，東海は半島や台地で

③ [　　　　　　] 農業がさかんである。

中部地方の自然と農業のようすをとらえよう。

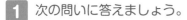

練習問題

1 次の問いに答えましょう。

(1) 野菜などを旬の時期よりも遅く育てる栽培方法を何といいますか。 [   ]

(2) 北陸などで見られる，1年に1回，稲作だけを行う農業を何といいますか。 [   ]

(3) 飛驒山脈，木曽山脈，赤石山脈を総称して何といいますか。 [   ]

(4) 日本で最も長い河川を何といいますか。 [   ]

ステップアップ

2 右の地図を見て，次の問いに答えましょう。

(1) 地図中の日本アルプスに含まれない山脈を，次のア〜エから1つ選びなさい。

ア　赤石山脈　　イ　木曽山脈
ウ　越後山脈　　エ　飛驒山脈

[   ]

(2) 次の表は，地図中の新潟県・山梨県・静岡県の農業産出額割合を示したものです。それぞれの県にあてはまるものを，ア〜ウから選びなさい。

単位：億円

	米	野菜	果実	畜産
ア	194	643	298	464
イ	1445	350	77	478
ウ	63	112	629	77

(2018年)　　　(「データでみる県勢」2021年版)

新潟県 [   ]

山梨県 [   ]

静岡県 [   ]

(3) 地図中のXの半島では，きくに光を当てて開花時期を調整した電照ぎくを多く出荷しています。このように施設を利用して野菜や花を栽培する農業を何といいますか。

[   ]

(4) 地図中のY県で栽培がさかんな農作物を，次のア〜オから2つ選びなさい。

ア　ピーマン　　イ　はくさい　　ウ　じゃがいも　　エ　なす　　オ　レタス

[   ] [   ]

8 中部地方②

✔チェックしよう！

解説動画も
チェック！

📈 中部地方の工業

愛知県を中心とする中京工業地帯は日本一の出荷額となっており，自動車工業がさかん。豊田市やその周辺に関連工場が集まる。静岡県沿岸部を中心とする東海工業地域はオートバイや楽器の生産のほか，富士市などでパルプ工業もさかん。北陸では冬の農家の副業から発達した鯖江市（福井県）のめがねフレームなどの地場産業がさかんで，新潟県や富山県では化学工業が発達し北陸工業地域を形成している。

愛知県豊田市は自動車企業の
企業城下町なんだよ。

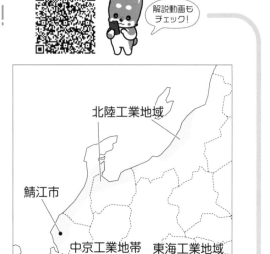

確認問題

1 次の文中の①〜⑧にあてはまる語句を，あとのア〜クからそれぞれ選び，記号で答えましょう。

┃　①　┃県に広がる，日本一の出荷額である┃　②　┃工業地帯は，輸送用機械工業がさかんで，中でも┃　③　┃の生産量が多い。特に企業城下町である┃　④　┃市とその周辺には関連工場が集まる。

┃　⑤　┃県にはパルプや楽器の生産がさかんな┃　⑥　┃工業地域が広がる。北陸は福井県┃　⑦　┃市のめがねフレームのように，冬の農家の副業として発達した地場産業がさかんである。また，新潟県や富山県で石油化学工業が発達し，┃　⑧　┃工業地域となっている。

ア　北陸　　イ　愛知　　ウ　東海　　エ　豊田
オ　鯖江　　カ　中京　　キ　静岡　　ク　自動車

① ☐　　② ☐　　③ ☐　　④ ☐

⑤ ☐　　⑥ ☐　　⑦ ☐　　⑧ ☐

中部地方の工業のよう
すをとらえよう。

1 次の問いに答えましょう。

(1) 日本一の出荷額である，愛知県を中心とした工業地帯を何
といいますか。 [　　　　　　　　　]

(2) 愛知県豊田市などで製造がさかんな輸送用機械は何ですか。 [　　　　　　　　　]

(3) 静岡県に広がる，オートバイや楽器の生産がさかんな工業
地域を何といいますか。 [　　　　　　　　　]

(4) 新潟県や富山県を含む一帯に広がる工業地域を何といいま
すか。 [　　　　　　　　　]

(5) 福井県鯖江市のめがねフレームの製造のように，古くから
地域の特産品を生産している産業を何といいますか。 [　　　　　　　　　]

ステップアップ

2 右の地図を見て，次の問いに答えましょう。

(1) 地図中の **X～Z** の工業地帯・地域を何といいますか。

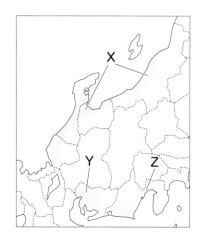

X [　　　　　　　　　]

Y [　　　　　　　　　]

Z [　　　　　　　　　]

(2) 次の製造品出荷額等割合を示している**ア・イ**のグ
ラフは，それぞれ地図中の **Y・Z** どちらの工業地帯・
地域のものですか。

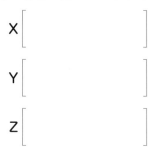

ア (16.9兆円)

金属7.8%	機械51.7	化学11.0	食料品13.7	その他15.1

せんい 0.7

(2017年)

イ (57.8兆円)

金属9.4%	機械69.4	化学6.2	その他9.5

食料品 4.7

せんい 0.8

(「日本国勢図会」2020/21年版)

ア [　　　　　　]

イ [　　　　　　]

(3) 北陸地方で地場産業がさかんになった理由を，次の**ア～エ**から１つ選びなさい。

ア 農業ができない冬の間，農家の副業として発達したから。

イ 古くから大規模な工業地帯が形成されてきたから。

ウ 土地が耕作に向かず，手工業によって生計を立ててきたから。

エ 交通の便がよく，大都市に向けて製品を出荷しやすかったから。

北陸地方は日本海側の
気候に属しているよ。

[　　　　　　]

9 関東地方①

✔チェックしよう！

解説動画も
チェック！

☑ **関東地方の自然**

関東平野…日本最大の平野。風に飛ばされてきた火山灰が積もってできた，関東ロームとよばれる地層が見られる。

利根川…日本で最も流域面積の広い河川。

小笠原諸島…世界自然遺産。貴重な自然が残る。

東京は日本の政治・経済・文化の中心地なんだ。

東京

☑ **関東地方の人口**

首都東京には多くの企業や学校があり，周辺の地域や県から通勤・通学者が集まることから，夜間人口よりも昼間人口のほうが多い。東京23区へ通う人々がくらす郊外の住宅地は周辺の県にまで広がり，東京大都市圏を形成している。

確認問題

1 次の文中の①〜⑧にあてはまる語句を，あとのア〜クからそれぞれ選び，記号で答えましょう。

千葉県と茨城県の県境には　①　川が流れ，　②　へと注いでいる。また，火山灰が積もった　③　が見られる　④　平野には，日本の政治・経済・文化の中心地であり，日本の　⑤　である東京がある。周辺の地域や県から多くの通勤・通学者が集まることから，　⑥　人口よりも　⑦　人口のほうが多い。東京23区への通勤・通学者が住む郊外住宅は周辺の県にまで広がり，　⑧　を形成している。

ア　関東　　イ　首都　　ウ　東京大都市圏　　エ　利根
オ　夜間　　カ　太平洋　　キ　昼間　　ク　関東ローム

①　　②　　③　　④

⑤　　⑥　　⑦　　⑧

関東地方の自然と人口のようすをとらえよう。

1 次の問いに答えましょう。

(1) 日本最大の平野を何といいますか。 [ ]

(2) 日本で最も流域面積の広い河川を何といいますか。 [ ]

(3) 日本の首都であり，政治や経済，文化の中心となっている都市はどこですか。 [ ]

(4) 日本の首都を中心とした大都市圏を何といいますか。 [ ]

(5) 通勤・通学者が集まる地域では，ふつう，夜間人口と昼間人口のどちらが多くなりますか。 [ ]

📈 ステップアップ

2 右の地図を見て，次の問いに答えましょう。

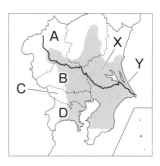

(1) **X**の平野と**Y**の河川を何といいますか。

X [ ] Y [ ]

(2) **X**の平野には，周辺の火山から出た火山灰が風に飛ばされて積もったことでできた地層が見られます。この地層を何といいますか。 [ ]

(3) 右の表を見て，次の問いに答えなさい。

① 昼間人口と夜間人口の説明として正しいものを，次の**ア〜エ**から２つ選びなさい。

ア 日中，ほかの都県へ通勤・通学している人が多い都県は昼間人口が多くなる。

イ 日中，ほかの都県から通勤・通学してくる人が多い都県は昼間人口が多くなる。

ウ 日中，ほかの都県へ通勤・通学している人が多い都県は夜間人口が多くなる。

エ 日中，ほかの都県から通勤・通学してくる人が多い都県は夜間人口が多くなる。

[ ] [ ]

関東地方の人口 （単位：千人）

	昼間人口	夜間人口
栃木県	1955	1974
千葉県	5582	6223
茨城県	2843	2917
ア	1970	1973
イ	6456	7267
ウ	8323	9126
エ	15920	13515

(2015年)（「日本国勢図会」2020/21年版）

② 表中の**ア〜エ**は，地図中の**A〜D**のいずれかの都県を示しています。**C**の都県にあてはまるものを，**ア〜エ**から選びなさい。 [ ]

Cは東京都だよ。

10 関東地方②

✔チェックしよう！

解説動画もチェック！

☑ **関東地方の工業と農業**

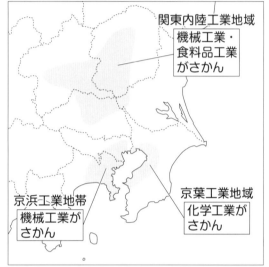

原料や製品の移動に便利な臨海部の埋め立て地に京浜工業地帯（東京〜神奈川），京葉工業地域（東京〜千葉）が広がる。近年は交通の発達と用地があることから，内陸部に工業団地がつくられ，関東内陸工業地域が形成された。

大都市に近いことから，輸送費が安く，新鮮なまま出荷・販売ができる近郊農業がさかん。

千葉の成田国際空港は，貿易額日本一の港である。

関東内陸工業地域
機械工業・食料品工業がさかん

京浜工業地帯
機械工業がさかん

京葉工業地域
化学工業がさかん

東京都は文化の発信地で，印刷関連工業がさかんなんだ。

確認問題

1 右の図中の①〜③にあてはまる語句を，次のア〜ウからそれぞれ選び，記号で答えましょう。

ア　京葉工業地域　　イ　京浜工業地帯
ウ　関東内陸工業地域

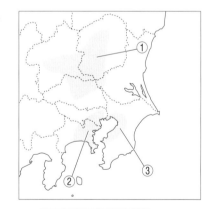

① ☐　② ☐　③ ☐

2 次の文の ☐ にあてはまることばを書きましょう。

・関東地方でさかんな ① ☐ は，消費地までの ② ☐ が安くすむこと，農作物を新鮮なうちに出荷できるという利点がある。

・東京都は，文化の発信地となっていることから，本の出版などにかかわる

　③ ☐ 工業がさかんになっている。

1 次の問いに答えましょう。

(1) 東京都から神奈川県に広がる工業地帯を何といいますか。

[ ]

(2) 千葉県を中心に広がる工業地域を何といいますか。

[ ]

(3) 栃木県・群馬県・埼玉県にまたがる工業地域を何といいま
すか。

[ ]

(4) 大都市に近いことを生かして野菜などを新鮮なまま出荷・
販売する農業を何といいますか。

[ ]

↗ ステップアップ

2 次の問いに答えましょう。

(1) 関東地方でさかんな農業の説明として最も適切なものを，次のア～エから1つ選びな
さい。

ア シラス台地で畜産がさかんである。

イ 半島で電照ぎくなどの栽培がさかんである。

ウ 水田単作が広く行われている。

エ 大都市周辺で近郊農業がさかんである。

[ ]

(2) 右のグラフは，関東地方にある工業
地帯・地域の製造品出荷額等割合を
示したものです。**X**～**Z**にあてはま
る工業地帯・地域を，次の**ア**～**ウ**か
らそれぞれ選びなさい。

ア 京葉工業地域

イ 京浜工業地帯

ウ 関東内陸工業地域

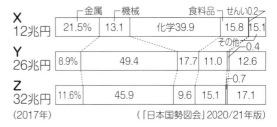

	金属	機械		食料品	せんい0.2
X 12兆円	21.5%	13.1	化学39.9	15.8	15.1
Y 26兆円	8.9%	49.4		17.7	11.0	12.6
Z 32兆円	11.6%	45.9		9.6	15.1	17.1

(2017年)　その他0.4　0.7

（「日本国勢図会」2020/21年版）

X [ ]　Y [ ]　Z [ ]

(3) 関東地方の工業地帯・地域のようすについて述べているものを，次の**ア**～**エ**から1つ
選びなさい。

ア 工業地帯・地域は，原料の輸入や製品の輸出に便利な臨海部のみに広がっている。

イ 工業地帯・地域は，広く安価な土地が手に入りやすい内陸部のみに広がっている。

ウ 工業地帯・地域は，臨海部で過密が進むと，交通の便の良い内陸部へと進出した。

エ 工業地帯・地域は，内陸部で過密が進むと，交通の便の良い臨海部へと進出した。

古くから発達した臨海部の工業地帯・
地域は，用地が不足しているよ。

[ ]

11 東北地方①

✔チェックしよう!

解説動画も
チェック!

☑ 東北地方の自然

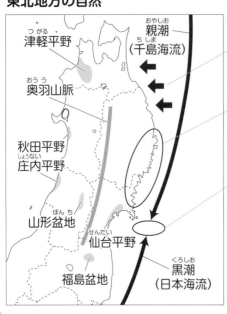

やませ…夏に吹くことがある冷たい風。冷害をもたらす。

三陸海岸南部…山地や谷が海に沈んでできたリアス海岸が見られる。

潮目…親潮と黒潮がぶつかるところ。プランクトンが豊富で，好漁場となっている。

奥羽山脈によって，日本海側の気候と太平洋側の気候に分けられるんだよ。

☑ 東北地方の農業

秋田平野や庄内平野，仙台平野を中心に稲作がさかんで，日本の穀倉地帯。津軽平野のりんご，山形盆地のさくらんぼ，福島盆地のももが日本有数の出荷量。

確認問題

1 右の地図中の①〜⑨にあてはまる語句を，次のア〜ケからそれぞれ選び，記号で答えましょう。

ア　仙台　　イ　奥羽　　ウ　やませ
エ　秋田　　オ　潮目　　カ　庄内
キ　山形　　ク　福島　　ケ　津軽

東北地方の自然と農業のようすをおさえよう。

①	②	③

④	⑤	⑥

⑦	⑧	⑨

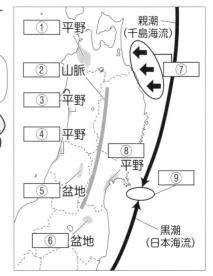

1 次の問いに答えましょう。

(1) 東北地方は稲作がさかんなことから，日本の何地帯とよ
ばれていますか。 [ ]

(2) 東北地方の中央部を南北に走り，日本海側の気候と太平洋
側の気候に分ける山脈を何といいますか。 [ ]

(3) 暖流と寒流がぶつかるところを何といいますか。 [ ]

(4) 夏に東北地方の北東部に吹くことがある，冷たい風を何と
いいますか。 [ ]

(5) 山地や谷が海に沈んでできた，出入りの多い海岸地形を何
といいますか。 [ ]

↗ ステップアップ

2 右の地図を見て，次の問いに答えましょう。

(1) やませの影響を受けるのは，地図中の **a・b** どち
らの都市ですか。 [ ]

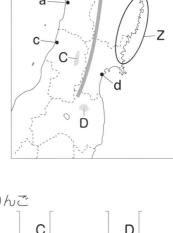

(2) 地図中の **c・d** の都市の気温と降水量を示した
グラフを，次の**ア・イ**からそれぞれ選びなさい。

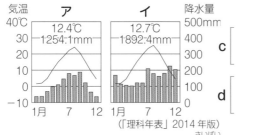

(「理科年表」2014 年版)

c [ ]

d [ ]

(3) 地図中の **A～D** の平野や盆地で栽培がさかんな
農作物を，次の**ア～エ**からそれぞれ選びなさい。
ア 米　イ もも　ウ さくらんぼ　エ りんご

A [ ]　B [ ]　C [ ]　D [ ]

(4) 地図中の **Z** は，出入りの多い海岸です。この海岸がつくられるようすを，次の**ア～エ**
から1つ選びなさい。

ア 海の波によって侵食されてできた。

イ 川の水が土砂を運んでできた。

ウ 氷河の侵食によってできた。

エ 山地や谷が海に沈んでできた。

Zは三陸海岸南部で，リ
アス海岸が見られるよ。

[ ]

12 東北地方②

✔チェックしよう！

☑ **東北地方の祭り**
夏に行われる青森県青森市のねぶた祭，秋田県秋田市の竿燈まつり，宮城県仙台市の七夕まつりは東北三大祭りとよばれ，多くの観光客が訪れる。

☑ **東北地方の伝統産業**
農作業のできない冬の仕事として昔から行われている工芸品づくりが，伝統産業として続いている。近年，高速道路の発達により，東北自動車道沿いにIC工場などの工業団地が形成された。

> 伝統的工芸品には，地元の森林資源や鉱産資源が利用されてきたんだ。

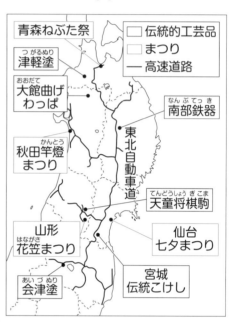

青森ねぶた祭
□ 伝統的工芸品
□ まつり
― 高速道路
津軽塗
大館曲げわっぱ
南部鉄器
秋田竿燈まつり
東北自動車道
天童将棋駒
山形花笠まつり
仙台七夕まつり
宮城伝統こけし
会津塗

確認問題

1 右の図中の①～⑥の地域でつくられている伝統的工芸品を，次の**ア**～**カ**からそれぞれ選び，記号で答えましょう。

ア　会津塗　　　イ　南部鉄器　　ウ　津軽塗
エ　天童将棋駒　オ　宮城伝統こけし
カ　大館曲げわっぱ

> 東北地方の産業のようすをとらえよう。

①	②	③
④	⑤	⑥

2 次の文の ☐ にあてはまることばを書きましょう。

・夏に行われる青森市の ① ，仙台市の ② ，秋田市の

③ は東北三大祭りとよばれている。

1 次の問いに答えましょう。

(1) 東北三大祭りのうち，青森県青森市で行われる祭りを何といいますか。 [　　　　　]

(2) 東北三大祭りのうち，宮城県仙台市で行われる祭りを何といいますか。 [　　　　　]

(3) 東北三大祭りのうち，秋田県秋田市で行われる祭りを何といいますか。 [　　　　　]

(4) 地元の原材料を使って，昔から行われている工芸品をつくる産業を何といいますか。 [　　　　　]

↗ ステップアップ

2 次の問いに答えましょう。

(1) 右の地図中の **A～C** の都市で夏に行われる祭りを，次のア～ウからそれぞれ選びなさい。
ア　竿燈まつり　　イ　七夕まつり
ウ　ねぶた祭

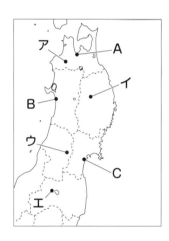

A[　　] B[　　] C[　　]

(2) 伝統的工芸品として南部鉄器がつくられている地域を，地図中の**ア～エ**から選びなさい。 [　　　　　]

(3) 東北地方の伝統産業について述べているものを，次の**ア～エ**から１つ選びなさい。
ア　冷涼な気候で耕作に向かなかったことから発達した。
イ　地域の森林資源や鉱産資源を利用して発達した。
ウ　農業が衰退したことから，新しい産業として発達した。
エ　ほかの地域から製造工場が進出したことで発達した。 [　　　　　]

(4) 近年の東北地方の産業についての説明として正しいものを，次の**ア～エ**から１つ選びなさい。
ア　自動車道沿いに工業団地がつくられ，ハイテク産業の工場が進出した。
イ　臨海部に工業団地がつくられ，化学工業を中心に工業地域が形成された。
ウ　機械工業の工場が撤退したことから，伝統産業に力を入れるようになった。
エ　農業がさかんな地域に工場が進出し，食料品工業がさかんになった。

東北自動車道がつくられたことで，製品の輸送がしやすくなったよ。

[　　　　　]

13 北海道地方①

✔チェックしよう！

解説動画も
チェック！

北海道地方の自然

石狩平野…石狩川下流に広がる。

濃霧は夏の季節風が親潮で冷やされることで発生するんだ。

オホーツク海

国後島
択捉島
色丹島
歯舞群島

日高山脈

知床半島…オホーツク海から流氷がおし寄せる。知床として世界自然遺産に登録されている。

根釧台地…濃霧で夏でも冷涼な気候。

十勝平野…十勝川下流に広がる。

北海道地方の歴史

先住民族のアイヌ民族が狩りや漁をしてくらしていた。明治時代に政府が開拓使を置き，屯田兵や各地からの移住者によって開拓が行われた。

確認問題

1 右の地図中の①〜⑥にあてはまる語句を，次のア〜カからそれぞれ選び，記号で答えましょう。

ア　知床　　イ　十勝　　ウ　択捉
エ　日高　　オ　根釧　　カ　石狩

① ［　　］　② ［　　］　③ ［　　］

④ ［　　］　⑤ ［　　］　⑥ ［　　］

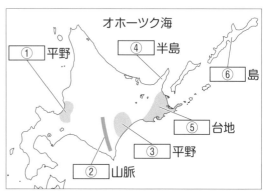

オホーツク海

① 平野
④ 半島
⑥ 島
⑤ 台地
③ 平野
② 山脈

2 次の文の ［　　　］ にあてはまることばを書きましょう。

北海道地方の自然と歴史をとらえよう。

・北海道には ① ［　　　　　　　］ が先住民族として，狩りや漁をして住んでいた。

・明治時代に ② ［　　　　　　　］ が置かれ，③ ［　　　　　　　］ や移住者によって開拓された。

1 次の問いに答えましょう。

(1) 知床はユネスコによって何に登録されていますか。 [　　　　　　]

(2) 北海道南東部で，夏の季節風が親潮に冷やされることで発生
するものは何ですか。 [　　　　　　]

(3) 日高山脈の東に位置する平野を何といいますか。 [　　　　　　]

(4) 明治時代に，北海道地方を開拓するために置かれた役所を
何といいますか。 [　　　　　　]

(5) 北海道の先住民族を何といいますか。 [　　　　　　]

↗ ステップアップ

2 次の問いに答えましょう。

(1) 右の地図を見て，次の問いに答えな
さい。

① A・Bの平野名を答えなさい。

A [　　　　　　]

B [　　　　　　]

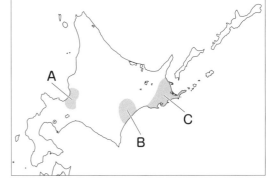

② Cについて，次の文中のa～d
にあてはまる語句を，あとのア～クからそれぞれ選びなさい。

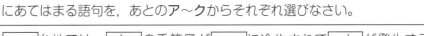

Cの [a] 台地では， [b] の季節風が [c] に冷やされて [d] が発生する。

ア　知床　　イ　夏　　ウ　やませ　　エ　黒潮（くろしお）
オ　根釧　　カ　濃霧　　キ　親潮　　ク　冬

a [　　　] b [　　　] c [　　　] d [　　　]

(2) 北海道地方の開拓の歴史についての説明として正しいものを，次のア～エから１つ選
びなさい。

ア　江戸幕府が開拓使を置き，先住民族によって大規模に開拓された。

イ　外国に支配された時代に，屯田兵が送りこまれて大規模に開拓された。

ウ　北海道の先住民族によって，欧米（おうべい）式の農法を取り入れ開拓された。

エ　明治政府が開拓使を置き，移住者や屯田兵によって大規模に開拓さ
れた。 [　　　　　　]

14 北海道地方②

✔チェックしよう！

📈 北海道地方の産業

石狩平野…泥炭地を客土や排水施設で改良し，寒さに強い稲を品種改良で生み出して稲作がさかんになった。

北海道地方の農地は全国平均に比べて広いんだ。

オホーツク海

サロマ湖…ほたて貝の養殖や，稚貝をオホーツク海へ放流する栽培漁業が行われている。

根釧台地…冷涼な気候で稲作や畑作に不向きであったが，国の政策により酪農がさかんになった。

十勝平野…火山灰で水はけがよく，日本有数の畑作地帯となった。

確認問題

1 次の文中の①～⑫にあてはまる語句を，あとのア～シからそれぞれ選び，記号で答えましょう。

> 　北海道地方の農業は，全国平均に比べて農地が　①　，大規模経営を行っているのが特色で，　②　を使って耕作している。　③　は土地改良や品種改良によって　④　がさかんになった。　⑤　は火山灰で水はけがよく，　⑥　がさかんである。
> 　⑦　は夏に　⑧　が発生し稲作や畑作に不向きであったが，大規模開拓が行われ　⑨　がさかんになった。また漁業もさかんで，　⑩　でほたて貝の養殖や，稚貝を　⑪　に放流する　⑫　が行われている。

ア　濃霧　　　　イ　酪農　　　　ウ　十勝平野　　エ　栽培漁業　　オ　広く
カ　畑作　　　　キ　石狩平野　　ク　サロマ湖　　ケ　根釧台地　　コ　稲作
サ　大型機械　　シ　オホーツク海

①	②	③	④	⑤	⑥

⑦	⑧	⑨	⑩	⑪	⑫

1 次の問いに答えましょう。

(1) 石狩平野で栽培がさかんなものは何ですか。 [ ]

(2) 石狩平野で行われた，ほかの土地から土を持ってくることで土地を改良する方法を何といいますか。 [ ]

(3) 十勝平野でさかんな農業は何ですか。 [ ]

(4) 根釧台地でさかんな農業は何ですか。 [ ]

📈 ステップアップ

2 次の問いに答えましょう。

(1) 右の地図中の **A〜C** の平野や台地の名前を答えなさい。また，**A〜C** の地域の農業について説明しているものを，次の**ア〜ウ**からそれぞれ選びなさい。

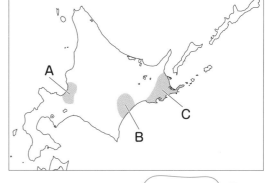

ア 客土などで土地を改良し，寒さに強い稲を植えることで稲作地帯となった。

イ 冷涼な気候を生かして，乳牛を飼育し，酪農がさかんになった。

ウ 全国有数の畑作地帯で，大型機械を使ってじゃがいもなどを栽培している。

A, B は平野，C は台地だよ。

A [・] B [・] C [・]

(2) 右のグラフは，北海道地方と都府県の農家について，耕地規模の割合を比べたものです。グラフから読み取れることとして正しいものを，次の**ア〜エ**から１つ選びなさい。

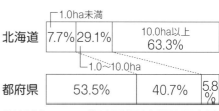

	1.0ha未満	1.0〜10.0ha	10.0ha以上
北海道	7.7%	29.1%	63.3%
都府県	53.5%	40.7%	5.8%

(2019年) (「日本国勢図会」2020/21年版)
※計算により100%にならない場合があります。

ア 北海道地方の農家の耕地規模は，都府県に比べてせまい。

イ 北海道地方の農家の耕地規模は，都府県に比べて広い。

ウ 北海道地方の農家の耕地規模は，都府県とほぼ同じような広さである。

エ 北海道地方の農家の耕地規模は，1.0ha 未満が主流となっている。

[ ]

(3) 北海道で行われている，ほたて貝などの稚貝を海に放流し，大きくなってからとる漁業を何といいますか。 [ ]

1 身近な地域の調査

✔チェックしよう！

解説動画もチェック！

☑ 地図記号

◎	市役所	文	小・中学校	⊕	病院
〒	郵便局	×	交番	☼	工場
⚡	発電所・変電所	血	博物館	本	図書館
⌂	老人ホーム	开	神社	卍	寺院
‖	田	∨	畑	♀	果樹園

地図上ではふつう，上が北を示すんだよ。

☑ 縮尺(しゅくしゃく)

実際の距離(きょり)を縮めた割合のことを縮尺という。地形図上の長さから実際の距離(ちぢ)を求めるには，「地形図上の長さ×縮尺の分母」を計算する。

確認問題

1 次の①〜⑩が示す地図記号を，あとのア〜コからそれぞれ選び，記号で答えましょう。

① 畑　　② 市役所　　③ 果樹園　　④ 工場　　⑤ 老人ホーム

⑥ 郵便局　　⑦ 発電所　　⑧ 博物館　　⑨ 寺院　　⑩ 田

ア ♀　　イ 〒　　ウ 血　　エ ⌂　　オ ◎

カ ⚡　　キ ‖　　ク ☼　　ケ 卍　　コ ∨

地形図の地図記号と縮尺の計算を覚えよう。

①	②	③	④	⑤

⑥	⑦	⑧	⑨	⑩

2 次の文の □ にあてはまることばを書きましょう。

・地形図に表すため，実際の距離を縮めた割合を ① □ という。

・地形図から実際の距離を求めるには，地形図上の長さ× ② □ で計算する。

1 次の問いに答えましょう。

(1) 文 の地図記号が示すものは何ですか。 [   ]

(2) 卍 の地図記号が示すものは何ですか。 [   ]

(3) 📖 の地図記号が示すものは何ですか。 [   ]

(4) ⊞ の地図記号が示すものは何ですか。 [   ]

(5) ✕ の地図記号が示すものは何ですか。 [   ]

📈 ステップアップ

2 次の地形図を見て，あとの問いに答えましょう。

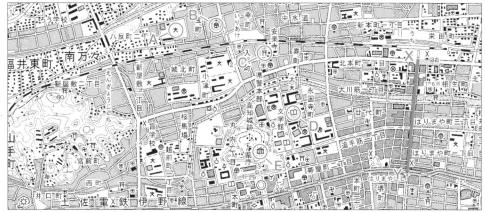

(国土地理院発行2万5千分の1地形図 「高知」)

(1) 地形図中の **A〜E** の地図記号が示すものを，次の**ア〜オ**からそれぞれ選びなさい。

ア 郵便局　　イ 神社　　ウ 小・中学校　　エ 図書館　　オ 博物館

A[   ]　B[   ]　C[   ]　D[   ]　E[   ]

(2) 地形図上で3cmの **X−Y** の実際の距離は，何mになりますか。

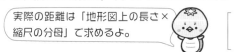
実際の距離は「地形図上の長さ×縮尺の分母」で求めるよ。

[   ] m

(3) 地形図を正しく読み取っているものを，次の**ア〜エ**から1つ選びなさい。

ア いりあけ駅の北には病院がある。
イ 高知城跡（こうちじょう）のある丘には，果樹園がある。
ウ 土佐電鉄伊野線（とさでんてついの）の線路は南北にのびている。
エ 市役所の北東にこうち駅がある。

[   ]

初版
第 1 刷　2021 年 7 月 1 日　発行

●編　者
　数研出版編集部
●カバー・表紙デザイン
　株式会社クラップス

発行者　星野　泰也

ISBN978-4-410-15540-6

新課程　とにかく基礎　中学地理

発行所　数研出版株式会社

〒101-0052 東京都千代田区神田小川町 2 丁目 3 番地 3
　　　　　〔振替〕00140-4-118431

〒604-0861 京都市中京区烏丸通竹屋町上る大倉町205番地

〔電話〕代表　(075)231-0161

ホームページ　https://www.chart.co.jp

印刷　河北印刷株式会社

乱丁本・落丁本はお取り替えいたします　210601

第1章 世界の姿と人々の生活

1 地球のようすと世界の国々

確認問題 ——————— 4 ページ

1 ① 6　② 3　③ 地球儀
　④ 緯度　⑤ 経度

2 ① エ　② ア　③ ウ
　④ イ　⑤ カ　⑥ オ

練習問題 ——————— 5 ページ

1 (1) 赤道　(2) 本初子午線
　(3) 太平洋　(4) アジア州
　(5) オセアニア州

2 (1) ① ウ　② イギリス
　　③ アフリカ州
　(2) ① ウ　② 北西

練習問題の解説

1 (1)(2) 地球を南北に90度ずつ分けた線を緯線，東西に分けた線を経線という。
　(3) 地球は「水の惑星」にたとえられるほど海の部分が多く，海洋と陸地の面積の割合は7:3である。
　(4) 日本はアジア州に属し，アジア州はさらに東アジア，東南アジア，南アジア，西アジア，中央アジアの5つの地域に分けられる。

2 (2)② 地図2では，東京から見てカイロは左上に位置している。特に方位の表記がなければ地図は上が北となり，左上は北西の方位になる。

2 日本の国土と時差，領土問題

確認問題 ——————— 6 ページ

1 ① エ　② ア　③ カ　④ ク
　⑤ ウ　⑥ オ　⑦ キ　⑧ イ

練習問題 ——————— 7 ページ

1 (1) 北方領土　(2) 200 海里

(3) 東経 135 度　(4) 15 度

2 (1) ア　(2) C
　(3) 排他的経済水域
　(4) ① 東経135度　② 135
　　③ 9　　④ 東京

練習問題の解説

1 (1) ロシア連邦に占拠されている，択捉島，国後島，色丹島，歯舞群島の4つをまとめて北方領土という。これらは日本の北の端である。
　(2) 排他的経済水域は，領海から200海里までの領海を除く水域のこと。その範囲では，水産資源や鉱産資源は沿岸国のものになる。
　(3)(4) 標準時子午線とは，各国の時刻の基準となる経線のことである。日本の標準時子午線は，東経135度線である。経度が15度違うと，時差は1時間異なる。
　これは，360（度）÷24（時間）＝15（度／時間）と計算することで求められる。

2 (1) Xは北方領土で，ロシア連邦が占拠している。
　(2)(3) 日本最南端の沖ノ鳥島がなくなると，日本は広大な排他的経済水域を失う。そのため，波による侵食を防ぐねらいで護岸工事を行った。
　(4) 日本の標準時子午線は東経135度。時差は経度15度の差につき1時間生じる。2つの地域の時差は「経度の差÷15」で求めるので，東京とロンドンの場合，経度の差は135（度）÷15＝9（時間）となる。また，日付変更線の西に近いほど時刻が進んでいるため，東京の方がロンドンよりも時刻が早くなる。

3 世界の気候と人々の暮らし

確認問題 ——————— 8 ページ

1 ① エ　② ウ　③ ア
　④ イ　⑤ オ

2 ① エ　② コ　③ カ

④ ア　　⑤ ク　　⑥ ケ
⑦ ウ　　⑧ イ　　⑨ オ
⑩ キ

練習問題 ─────── 9 ページ

1 (1)　温帯　(2)　熱帯　(3)　キリスト教
　　(4)　イスラム教　(5)　仏教
2 (1)　①　ア　　②　エ　　③オ
　　　　④　c，e，f
　　(2)　A　ア　　B　ウ
　　　　C　エ　　D　イ

練習問題の解説

1 (1)(2)　世界の気候帯は，冷帯（亜寒帯），乾燥帯，
　　　温帯，寒帯，熱帯の5つが存在する。冷帯とは，
　　　冬の気温は低いが森林が育つ地域のことで
　　　ある。乾燥帯とは，一年を通して雨が少なく，
　　　森林が育たない地域のことである。温帯は，
　　　はっきりとした四季があり，日本はここに
　　　属する。寒帯は，一年中寒く樹木がほとんど
　　　育たない。熱帯は，一年中気温が高く，降水
　　　量も多い。

　(3)(4)(5)　ヨーロッパで盛んな宗教は，キリスト
　　　教である。キリスト教は，聖書を教典とし
　　　ていて，カトリック，プロテスタント，正
　　　教会などに分かれている。また，信者の数
　　　が最も多い。北アフリカ・西アジア・中央
　　　アジア・東南アジアで盛んな宗教は，イス
　　　ラム教である。イスラム教は，コーランを
　　　教典としていて，1日に5回，聖地メッカへ
　　　と向かい礼拝する。毎年一か月の間，断食
　　　を行う習慣もある。東アジア・東南アジア
　　　では，仏教が盛んである。仏教は，経を教
　　　典とする。

2 (1)①　aは夏には気温が上がるものの冬の寒さ
　　　が厳しいことから，冷帯（亜寒帯）に属する
　　　アのモスクワのグラフである。イのカイロ
　　　は乾燥帯に属し，年平均気温がモスクワよ
　　　りも高いdのグラフがあてはまる。

　　②　bは一年を通じて気温が高く，降水量
　　　も多いことから，熱帯に属するエのシンガ

ポールのグラフである。ウのケープタウン
は南半球の温帯に属し，6～8月の気温が
低いfがあてはまる。

　　③　cは月ごとに気温の変化があり，降水量
　　　も熱帯ほど多くないことから，温帯に属す
　　　るオのシドニーのグラフである。カのマナ
　　　オスは熱帯の気候に属し，一年を通じて気
　　　温が高いeがあてはまる。

　　④　南半球と北半球では季節が逆になる。そ
　　　のため，6～8月の気温が低くなっている
　　　南半球のグラフである。

　(2)　ヨーロッパを中心に世界的に信仰されてい
　　　るAはキリスト教，北アフリカや西アジアな
　　　どを中心に信仰されているBはイスラム教，
　　　アジアを中心に信仰されているCは仏教，お
　　　もにインドで信仰されているDはヒンドゥー
　　　教である。

第2章　世界の諸地域

1　アジア州①

確認問題 ─────── 10 ページ

1 ①　エ　　②　イ　　③　カ
　　④　オ　　⑤　ウ　　⑥　ア
2 ①　季節風（モンスーン）　②　稲作（いなさく）
　　③　二期作（にきさく）　④　畑作

練習問題 ─────── 11 ページ

1 (1)　ヒマラヤ山脈
　　(2)　チベット高原
　　(3)　季節風（モンスーン）
　　(4)　二期作　(5)　遊牧
2 (1)　チベット高原　(2)　エベレスト
　　(3)　①　イ　　②　エ
　　　　③　ア　　④　ウ
　　(4)　A　ウ　　B　イ　　C　ア
　　(5)　ウ

練習問題の解説

2 (1)　Xは世界最大級の高原であるチベット高原。
　　(2)　Yはヒマラヤ山脈で，中国とインドの国境に

2

なっている。ヒマラヤ山脈には世界最高峰のエベレストがある。

(3) ①のメコン川はタイとラオスの国境を流れ，河口はベトナムにある。②の長江（チャンチヤン）は中国の南部を流れる川で，中国最長の河川である。③のインダス川はパキスタンを流れる河川である。④の黄河（ホワンホー）は中国の北部を流れる川で，大きく曲がるかたちが特徴的である。

(4) Aは乾燥している地域，Bは冷涼で乾燥している地域，Cは温暖で降水量の多い地域であることから考える。稲作には温暖湿潤な気候が適している。乾燥していたり，冷涼だったりする気候の地域では畑作が行われる。さらに寒さや乾燥が厳しかったり，土地がやせていたりする地域は農耕に不向きで，遊牧が行われる。

2 アジア州②

確認問題 ──────────── 12 ページ

1 ① オ ② イ ③ ク ④ ア
⑤ キ ⑥ ウ ⑦ エ ⑧ カ

練習問題 ──────────── 13 ページ

1 (1) 経済特区
(2) 東南アジア諸国連合（ASEAN）
(3) 先端技術（ハイテク）産業
(4) 情報技術（IT）産業
(5) インド

2 (1) ① 経済特区 ② エ
(2) ① ASEAN ② ウ
(3) イ

練習問題の解説

2 (1)① 経済特区は，外国企業を誘致して経済発展を図るために設けられた地域で，シェンチェン，チューハイ，スワトウ，アモイ，ハイナン島の5地区が指定されている。外国企業に対して工業用地を安く提供したり，税金を軽減したりという優遇措置をとっている。

② エは中国最大の都市シャンハイ。中国では都市部でいちじるしく工業化と経済発展が進み，人々の所得も増えている反面，工業化の遅れている内陸部や農村部では貧しい人々が多く，地域の経済格差が広がっている。

(2)① 東南アジア諸国連合のことで，略称はASEAN。

② 政治や経済など広い分野で協力しあうことを目的に，東南アジアの10か国が参加している。

(3) Xはインド。情報技術（IT）産業がさかんになり，アメリカ合衆国のシリコンバレーなど海外で活躍する人も多い。

3 ヨーロッパ州①

確認問題 ──────────── 14 ページ

1 ① エ ② オ ③ ア ④ カ
⑤ イ ⑥ ウ ⑦ キ ⑧ ク

練習問題 ──────────── 15 ページ

1 (1) ライン川 (2) ドイツ
(3) 酪農 (4) 混合農業
(5) 地中海式農業

2 (1) 偏西風
(2) ① ドイツ ② ライン
(3) A ウ B イ C ア

練習問題の解説

2 (1) Xは一年を通じて西から吹いてくる偏西風。暖流の上を通ってくるため，暖かな風を運んでくる。この偏西風の影響で，aのロンドンは高緯度のわりに温暖な気候である。

(2) Yのドイツは，ライン川の水運を利用して鉄鉱石や石炭などを運び，工業がさかんになった。ライン川のように複数の国を流れる河川を国際河川という。

(3) アは地中海式農業で，地中海沿岸の地域でさかんな農業であることからCにあてはまる。イは酪農で，アルプス山脈の周辺などでさか

んな農業であることからBにあてはまる。ウ
は混合農業で，北ヨーロッパなど広い地域で
さかんな農業であることからAにあてはまる。

4 ヨーロッパ州②

確認問題 ———————— 16ページ

1 ① エ　②　ア　③　キ　④　イ
　⑤ ケ　⑥　オ　⑦　カ　⑧　ウ
　⑨ ク

練習問題 ———————— 17ページ

1 (1) ヨーロッパ連合（EU）
　(2) ユーロ　(3) 関税
2 (1) ヨーロッパ連合（EU）　(2) ア
　(3) ウ　(4) ア

練習問題の解説

2 (1) EU（ヨーロッパ連合）は1993年に発足した
　　地域統合組織で，政治・経済・文化など幅広
　　い分野で共通の政策を実施している。国々が
　　まとまることで，アメリカ合衆国のような大
　　国に対抗しようというねらいがある。
　(2) スイスは中立的な立場をとっている国で，
　　EUには加盟していない。
　(3) EU加盟国内では共通通貨のユーロが導入
　　されているが，デンマークやスウェーデンな
　　どのように，導入していない国もある。
　(4) EU加盟国の一人あたりの国民総所得は，
　　西ヨーロッパの原加盟国を中心に高く，加盟
　　したのが比較的最近の国が多い東ヨーロッパ
　　の国々で低い傾向にある。この経済格差は
　　EUの課題となっている。

5 アフリカ州①

確認問題 ———————— 18ページ

1 ① イ　②　カ　③　エ　④　ア
　⑤ オ　⑥　キ　⑦　ウ

練習問題 ———————— 19ページ

1 (1) サハラさばく　(2) ナイル川

　(3) 黒人　　　(4) 経線や緯線
　(5) アパルトヘイト
2 (1) X　サハラさばく　Y　ナイル川
　(2) エ　(3) D　(4) さばく化

練習問題の解説

2 (1) Xのサハラさばくは世界最大のさばくで，
　　現在も広がっている。南のふちにはサヘルと
　　よばれるさばく化が進む地域がある。Yのナ
　　イル川は世界最長の河川で，エジプトから地
　　中海へと注ぐ。
　(2) アフリカ州の国々は，一部の国をのぞきほ
　　とんどがヨーロッパ諸国の植民地であった歴
　　史がある。国境線は緯線や経線を使って引か
　　れ，民族や宗教，言語などのちがいを無視し
　　たものであるため，現在も地域紛争の原因の
　　1つとなっている。
　(3) アパルトヘイトを行っていたのは，アフリ
　　カ大陸南部の南アフリカ共和国である。Aは
　　ナイジェリア，Bはエジプト，Cはケニア。
　(4) アフリカ州の伝統的な農業に，焼畑農業と
　　放牧がある。焼畑農業とは，森林を焼き，そ
　　の灰を肥料として作物を育てる農業で，土地
　　に栄養がなくなると別の地域の森林へと移り，
　　もとの農地は自然に森林が回復するのを待つ。
　　近年，アフリカ州では人口が急激に増加した
　　ことで，土地の回復が間にあわず，さばく化
　　が進んでいる。また放牧についても，多くの
　　食料を生産するために多くの家畜を飼育する
　　ようになり，草が食べつくされて土地の回復
　　が間にあわず，さばく化が進んでいる。

6 アフリカ州②

確認問題 ———————— 20ページ

1 ① カカオ豆　②　茶
　③ 焼畑農業
　④ アフリカ連合（AU）
　⑤ 希少金属（レアメタル）
　⑥ 収入

練習問題 ————————— 21 ページ

1 (1) アフリカ連合（AU）
(2) プランテーション
(3) 希少金属（レアメタル）
(4) モノカルチャー経済

2 (1) AU
(2) ア
(3) ①ア　②エ

練習問題の解説

2 (1) アフリカ連合で，アフリカ州の独立国すべてが加盟している。アフリカ諸国の諸問題に共同で取り組むため，2002年に結成された。

(2) レアメタルは希少金属ともいう。地球上に存在する量が少ないか，取り出すのが難しい金属をいい，マンガンやコバルト，クロムなどがあてはまる。イ〜エはレアメタルではない。

(3)① コートジボワールやガーナは，プランテーションによるカカオ豆の生産がさかんである。

② どちらの国も，輸出品が一部の農作物や鉱産資源に偏っている。このように，一部の農作物や鉱産資源の輸出にたよる経済をモノカルチャー経済という。農作物は天候などの影響で不作になることがあり，鉱産資源も値段が大きく下がってしまうことがある。そのため，一部の農産物や鉱産資源の輸出にたよっていると，経済が不安定になりやすい。

7 北アメリカ州①

確認問題 ————————— 22 ページ

1 ①ク　②オ　③キ　④エ
⑤カ　⑥イ　⑦ウ　⑧ア

練習問題 ————————— 23 ページ

1 (1) ロッキー山脈
(2) アパラチア山脈
(3) キリスト教　(4) ヒスパニック

2 (1) X ロッキー山脈
Y アパラチア山脈
Z ミシシッピ川
(2) イ　(3) 黒人
(4) ① ウ　② イ

練習問題の解説

2 (1) 北アメリカ大陸の太平洋側に険しいロッキー山脈，大西洋側になだらかなアパラチア山脈が位置する。Zのミシシッピ川の流域には中央平原が広がっている。

(2) 北アメリカ州はヨーロッパからの移民によって開拓された。そのため，キリスト教を信仰する人が多い。

(3) アメリカ合衆国にはさまざまな人種の人々が住んでおり，「人種のサラダボウル」とよばれている。黒人の中には，かつて綿花栽培に従事させるため，アフリカから連れてこられた人々の子孫もいる。

(4) ヒスパニックは南・中央アメリカから移り住んだ，スペイン語を母語とする人々のことをいう。南・中央アメリカは経済的に貧しい地域が多く，仕事と高い賃金を求めてアメリカ合衆国へと移り住むようになった。

8 北アメリカ州②

確認問題 ————————— 24 ページ

1 ①ウ　②オ　③カ　④ア
⑤エ　⑥キ　⑦イ

練習問題 ————————— 25 ページ

1 (1) 多国籍企業　(2) サンベルト
(3) シリコンバレー　(4) 適地適作

2 (1) （西経）100度
(2) A エ　B ア
C イ　D ウ
(3) イ
(4) ① c　② b　③ a

練習問題の解説

2 (1) アメリカ合衆国の降水量は，西経100度の

経線を基準に，西側で少なく，東側で多くなっ
ている。降水量のちがいが農業に影響をあた
えており，乾燥している西側では，放牧がさ
かんである。

(2) アメリカ合衆国では，地域ごとにさかんな
農業がちがう。Aの小麦の生産がさかんな地
域では，北側で春小麦が，南側で冬小麦がお
もに栽培されている。Bの地域は山がちで乾
燥しており，放牧が行われる。Cの地域はと
うもろこしの栽培がさかんである。Dの地域
は温暖で日照時間が長いことから，綿花栽培
がさかんである。南部の綿花栽培は，かつて
アフリカから連れてこられた黒人が奴隷と
して使われて発展した。

(3) アメリカ合衆国では，利益を最大限に出す
企業的な農業が行われている。気候にあわせ
た作物を，広い農地で大型機械を用いて大規
模に栽培しているほか，品種改良で病気に強
い作物などをつくり，生産の効率を高めてい
る。これらの農作物は国内で消費されるほか，
多くが輸出されており，アメリカ合衆国は「世
界の食料庫」ともよばれる。

(4)① サンベルトは北緯37度以南の帯状の地
域をいう。

② 古くからの工業都市は五大湖周辺に多く，
デトロイトやシカゴなどがあてはまる。

③ シリコンバレーはアメリカ合衆国南西部
のサンフランシスコ近郊に広がる。ハイテ
ク産業に使われる集積回路の原料がシリコ
ンであることから，シリコンバレーという
よび名がついた。

9　南アメリカ州①

確認問題　——————26ページ

1　① カ　② イ　③ ア　④ エ
　　⑤ ウ　⑥ ク　⑦ キ　⑧ オ

練習問題　——————27ページ

1　(1) アンデス山脈　(2) アマゾン川

(3) セルバ　　　　　(4) パンパ
(5) 日系人
2　(1) イ
(2) X　アンデス山脈
　　 Y　アマゾン川
(3) B
(4) ① a エ　b イ　② ウ

練習問題の解説

2　(1) 0度の緯線である赤道は，アマゾン川の河
口付近を通る。

(2) Xは南アメリカ大陸の太平洋側を南北に走
るアンデス山脈。Yのアマゾン川流域には，
セルバとよばれる熱帯雨林が広がっている。

(3) パンパはアルゼンチンの中央部に広がる草
原のことをいう。Aの地域に見られるのは熱
帯雨林のセルバ。

(4)① aはスペイン語，bはポルトガル語，c
はオランダ語，dはフランス語があてはま
る。南アメリカ州の国々の公用語は，かつ
てその国を植民地支配したヨーロッパ諸国
の言語の影響を受けている。多くがスペイ
ン語であるが，ブラジルではポルトガル語
を公用語としている。

② ブラジルへはかつて日本から多くの人々
が移り住んだ。現在も移民の子孫である人々
が多くくらしており，日系人とよばれている。

10　南アメリカ州②

確認問題　——————28ページ

1　① イ　② ウ　③ ア
2　① プランテーション
　　② コーヒー豆　③ バイオ燃料
　　④ 石油輸出国機構（OPEC）

練習問題　——————29ページ

1　(1) プランテーション　(2) バイオ燃料
(3) 焼畑農業　　　　　(4) 鉄鉱石
2　(1) ① B　② A

(2)　①　ア　　②　イ

(3)　二酸化炭素

練習問題の解説

2 (1)　Aはアマゾン川流域に広がるセルバで熱帯雨林，Bはアルゼンチン中央部に広がるパンパで草原。パンパでは牧畜がさかんである。焼畑農業は森林を焼いて灰を肥料とする農業で，セルバで行われる。

(2)①　ブラジルは鉄鉱石の世界有数の産出国であり，日本も多くの鉄鉱石を輸入している。

②　ブラジルはコーヒー豆の生産がさかんで，日本も多く輸入している。ブラジルのコーヒー豆は，かつて植民地支配されていたころ，輸出用の作物として大規模に栽培されるようになった。

(3)　二酸化炭素は地球温暖化の原因物質の１つとされているため，世界規模で排出をおさえる動きがさかんになっている。バイオ燃料は燃やすと二酸化炭素を排出するが，原料である植物が生長する過程で二酸化炭素を吸収しているため，地球上の二酸化炭素の量を増やさないと考えられている。この考え方をカーボンニュートラルという。このしくみから，バイオ燃料は石油や石炭に比べ，地球環境への負担が少ないとされている。

11　オセアニア州

確認問題 ——————— 30 ページ

1 ①　オ　　②　カ　　③　ア　　④　ウ
　⑤　イ　　⑥　エ　　⑦　キ

練習問題 ——————— 31 ページ

1 (1)　さんごしょう　(2)　鉄鉱石
　(3)　石炭　　　　　(4)　大鑽井盆地
　(5)　アボリジニ

2 (1)　●　エ　　▲　イ　　(2)　ウ
　(3)　①　白豪主義　　②　ウ

練習問題の解説

2 (1)　オーストラリアは鉱産資源の豊富な国であ

り，北西部では鉄鉱石，東部では石炭の産出が多くなっている。日本の鉄鉱石・石炭の輸入は，どちらもオーストラリアからの輸入が約６割をしめている。

(2)　オーストラリアでは牧羊がさかんで，羊毛の輸出量は世界一（2011年）である。牧牛は北東部で行われている。

(3)①　白豪主義の「白」は白人，「豪」はオーストラリアのことで，「白人によるオーストラリア」という意味である。オーストラリアにはヨーロッパからの移民が多く，先住民族であるアボリジニが差別され，彼らの多くの文化も失われた。また，アジア系の人々の移民も制限された。

②　オーストラリアは歴史的にイギリスとの結びつきが強く，かつてはイギリスを中心としたヨーロッパの国々との貿易がさかんであった。近年はオーストラリアから近い，太平洋を取り巻く国々との貿易がさかんになっている。

第3章　日本の姿

1　世界と日本の地形

確認問題 ——————— 32 ページ

1 ①　環太平洋　　②　４分の３
　③　急　　　　　④　短い
　⑤　親潮（千島海流）
　⑥　黒潮（日本海流）
　⑦　扇状地　　　⑧　三角州

練習問題 ——————— 33 ページ

1 (1)　環太平洋造山帯
　(2)　アルプス・ヒマラヤ造山帯
　(3)　扇状地　　　　　(4)　三角州
　(5)　親潮（千島海流）
　(6)　黒潮（日本海流）

2 (1)　イ
　(2)　Y　扇状地　　Z　三角州
　(3)　エ

練習問題の解説

2 (1) Xは環太平洋造山帯である。環太平洋造山帯には，アンデス山脈やロッキー山脈，日本列島などが含(ふく)まれる。

(2) Yは川が平地に流れ出るところにできているため，扇状地である。Zは川が海に流れ出るところにできているため，三角州である。

(3) 国土が細長く山がちであるため，日本の河川は世界の河川に比べ，短く，流れが急であるという特徴(とくちょう)がある。

2 日本の気候と災害

確認問題 ──────── 34 ページ

1 ① イ ② ア ③ エ ④ ウ
⑤ カ ⑥ オ

2 ① 地震(じしん) ② 梅雨(つゆ)(ばいう) ③ 台風

練習問題 ──────── 35 ページ

1 (1) 瀬戸内の気候(せとうち)
(2) 日本海側の気候(にほんかいがわ)
(3) 台風 (4) 梅雨

2 (1) ① イ ② エ ③ カ
(2) 冬 (3) 冷害(れいがい)

練習問題の解説

2 (1)① aは日本海側の気候に属する新潟県の上越高田(じょう)(えつたかだ)で，冬の降水量が多くなることからイがあてはまる。アは夏の降水量が多いことから太平洋側の気候(たいへいようがわ)のグラフである。

② bは瀬戸内の気候に属する岡山市で，年間を通じて温暖であることからエがあてはまる。ウは夏と冬の気温差が大きく，降水量が少ないことから中央高地の気候のグラフである。

③ cは南西諸島の気候に属する那覇市で(なんせいしょとう)(なは)，年間を通じて温暖で降水量が多くなることからカがあてはまる。オは夏涼しく(すず)，冬の寒さが厳しいことから北海道の気候のグラフである。

(2) 季節風は，冬は北西，夏は南東から吹く(ふ)。

(3) Bの親潮(千島海流)に冷やされた(おやしお)(ちしま)，夏に吹く北東の風をやませという。やませが吹くと気温が上がらず，作物が育たなくなる冷害がおこり，農業に深刻な被害(ひがい)をあたえる。

3 世界と日本の人口

確認問題 ──────── 36 ページ

1 ① ウ ② イ ③ カ ④ ア
⑤ オ ⑥ キ ⑦ エ ⑧ ク

練習問題 ──────── 37 ページ

1 (1) アジア州 (2) 人口爆発
(3) 少子高齢化(しょうしこうれいか) (4) 人口ピラミッド
(5) 三大都市圏(としけん)

2 (1) ① アジア州 ② A，B
(2) イ
(3) ① 東京大都市圏(とうきょう)(としけん) ② ウ

練習問題の解説

2 (1)① Aはアジア州，Bはアフリカ州，Cはヨーロッパ州，Dはオセアニア州。

② 人口爆発とは，人口が急激に増加する現象をいう。生まれる子の数が多く，死亡率が高い国で，医療(いりょう)や食料事情が向上することで死亡率が下がり，人口が増加する。

(2) 子どもの数が少なく，65歳(さい)以上の高齢者の割合が高いつぼ型の人口ピラミッドを選ぶ。

(3)② Yの島根県がある山陰地方は(さんいん)，過疎が進む地域の1つ。交通渋滞(じゅうたい)や住宅不足は過密(かみつ)が進む都市で問題となっている。

4 世界の資源と産業

確認問題 ──────── 38 ページ

1 ① ウ ② イ ③ ア
2 ① ペルシャ ② 中国 ③ 火力
④ 水力 ⑤ 原子力

練習問題 ──────── 39 ページ

1 (1) ペルシャ湾(わん) (2) 石炭
(3) 原子力発電

- (4) 再生可能エネルギー
- (5) 第二次産業

2 (1) A イ　B ウ　C ア
- (2) イ，ウ
- (3) 二酸化炭素　(4) 原子力発電
- (5) ① 第一次産業　② イ

練習問題の解説

2 (1) 生産量の半分以上を中国がしめる A は石炭，グラフの上位にペルシャ湾岸のサウジアラビアがある B は石油，中国とオーストラリア，ブラジルがある C は鉄鉱石である。

(2) 火力発電では，石油や石炭といった化石燃料を利用する。

(5)① 先進国では第一次産業の割合が下がり，第三次産業の割合が高くなる傾向にある。B は第二次産業，C は第三次産業。

② 第三次産業はものの生産に直接かかわらない産業をいう。ア・ウは第二次産業，エは第一次産業。

5 日本の農林水産業

確認問題 ──────── 40 ページ

1 ① キ　② エ　③ ク　④ イ
　⑤ カ　⑥ オ　⑦ ア　⑧ ウ

練習問題 ──────── 41 ページ

1 (1) 近郊農業　(2) 促成栽培
- (3) 養殖漁業　(4) 栽培漁業

2 (1) A ウ　B ア　C イ
- (2) ① エ　② ア　③ イ
　④ ウ
- (3) 新潟県　(4) ア
- (5) とる漁業 ア，ウ，エ
　育てる漁業 イ，オ

練習問題の解説

2 (1) A は根釧台地で，酪農がさかん。B は千葉県と茨城県で，大都市向けに野菜や花を栽培する近郊農業がさかん。C は高知平野と宮崎平野で，温暖な気候を利用して野菜の早づく

りをする促成栽培がさかん。

(4) 安価な輸入木材におされて林業に従事する人が減り，高齢化も進んで衰退した。

(5) 魚のとりすぎや海のよごれなどによって水産資源が減少していることを受けて，近年は養殖漁業や栽培漁業といった「育てる漁業」によって水産資源を増やす取り組みが行われている。

6 日本の工業

確認問題 ──────── 42 ページ

1 ① イ　② エ　③ ア　④ ウ
2 ① 加工貿易　② 現地生産
　③ 空洞化

練習問題 ──────── 43 ページ

1 (1) 太平洋ベルト　(2) 中京工業地帯
- (3) 京浜工業地帯
- (4) 瀬戸内工業地域
- (5) 現地生産

2 (1) ① イ　② エ
　③ 阪神工業地帯
- (2) イ

練習問題の解説

2 (1)① a は京浜工業地帯で，イのグラフである。アは北九州工業地域のグラフ。

② b は中京工業地帯で，エのグラフである。ウは阪神工業地帯のグラフ。

(2) 日本はかつて，原料を輸入し，製品に加工して輸出する加工貿易で栄えた。近年は日本企業が海外へ工場を移転したり，近隣の国の工業化が進んだりしたことで，製品の輸入が増えている。

7 発展するさまざまな産業

確認問題 ──────── 44 ページ

1 ① カ　② ウ　③ オ　④ キ
　⑤ エ　⑥ ア　⑦ ク　⑧ イ

1 (1) 商業
  (2) 大型ショッピングセンター
  (3) サービス業　(4) インターネット
  (5) IT革命

2 (1) イ　(2) ① ウ　② オ
  (3) ① イ　② 情報通信業

練習問題の解説

2 (1) 第三次産業は商業やサービスに関連する産業
  で，都市部や観光地で割合が高くなる。東京都は
  第三次産業従事者の割合が最も高い。

  (2) 商業には小売業や卸売業が含まれる。サー
  ビス業は目に見えないものを提供するもので，
  電気・ガス・水道業があてはまる。ア・エは
  第二次産業，イは第一次産業に含まれる。

  (3)① 現在の日本は，少子高齢化が進んでいる。
  高齢化の影響で，医療や介護支援サービス
  を利用する人が増え，需要が高まっている。

  ② IT革命とは，情報技術の発達で社会のよ
  うすが変化することをいう。現代ではイン
  ターネットや携帯電話を利用する機会が多
  く，情報通信業の果たす役割が強まった。

8 日本と世界のつながり

1 ① オ　② ク　③ キ　④ カ
  ⑤ ウ　⑥ イ　⑦ ケ　⑧ コ
  ⑨ ア　⑩ エ

1 (1) 海上輸送　(2) 航空輸送
  (3) 貿易摩擦　(4) WTO

2 (1) ① ウ　② イ
     ③ ア，エ
  (2) ウ　(3) エ

練習問題の解説

2 (1)① かつては鉄道による輸送の割合が高かっ
  たが，道路が整備されたことで，自動車に

よる輸送が増えた。Bは自動車，Cは船舶
があてはまる。

  ③ 船舶は輸送に時間がかかるが輸送費が安
  くすみ，大きく重いものも運ぶことができ，
  自動車や鉄鋼，石油などの輸送に利用され
  る。いっぽう，航空機は製品を早く運ぶこ
  とができるが，輸送費が高く，重いものや
  大きなものを運ぶのに適さないため，高価
  で軽量な集積回路や，鮮度の重要な花など
  の輸送に利用される。

  (2) 貿易赤字は輸出額より輸入額が多く，外国
  製品のほうがよく売れている状態なので，自
  国の産業が衰退し，失業者が増える。

9 日本の地域区分と都道府県

1 ① カ　② キ　③ ア　④ ウ
  ⑤ エ　⑥ イ　⑦ オ

2 ① 前橋市　② 那覇市　③ 松山市
  ④ 盛岡市　⑤ 神戸市

1 (1) 47　(2) 水戸市　(3) 8つ
  (4) 東北地方　(5) 近畿地方

2 (1) B
  (2) X 中部地方　Y 近畿地方
  (3) イ，オ，ク

練習問題の解説

2 (1) Bは神奈川県で，県庁所在地は横浜市であ
  る。Aは青森県（県庁所在地は青森市），C
  は静岡県（県庁所在地は静岡市），Dは和歌
  山県（県庁所在地は和歌山市），Eは大分県（県
  庁所在地は大分市）である。

  (2) Xは山梨県で，中部地方に属している。Y
  は三重県で，近畿地方に属している。

  (3)① 47都道府県のうち，海に面していない
  県は，栃木県，群馬県，埼玉県，山梨県，長
  野県，岐阜県，滋賀県，奈良県の8県である。

1　九州地方①

確認問題 ──────── 50 ページ

1　① オ　② ウ　③ ア　④ エ
　　⑤ イ　⑥ キ　⑦ カ　⑧ ク

2　① さんごしょう　② シラス台地
　　③ 畜産

練習問題 ──────── 51 ページ

1　(1) 二毛作　　(2) カルデラ
　(3) シラス台地　(4) 筑紫平野

2　(1) 九州山地
　(2) Ａ ウ　　Ｂ ア　　Ｃ イ
　(3) エ　　(4) エ

練習問題の解説

2　(2) Ａは稲作と麦の二毛作がさかんな筑紫平野
　　で ウ，Ｂは促成栽培のさかんな宮崎平野でア，
　　Ｃは畜産や畑作がさかんなシラス台地でイが
　　あてはまる。

　(3) アは大分県，イは熊本県，ウは長崎県，エ
　　は鹿児島県である。シラス台地の広がる鹿児
　　島県は畜産がさかんであり，豚は鹿児島県が
　　第１位，肉用若鶏は第２位となっている。

　(4) さんごしょうはさんごの死がいなどからで
　　きるため，火山活動とは関係がない。アのシ
　　ラス台地は火山灰が積もった台地，イの地熱
　　発電は火山活動による熱を利用した発電，ウ
　　のカルデラは噴火によってできたくぼ地をい
　　う。

2　九州地方②

確認問題 ──────── 52 ページ

1　① ウ　② オ　③ キ　④ ク
　　⑤ エ　⑥ ア　⑦ イ　⑧ カ

練習問題 ──────── 53 ページ

1　(1) 八幡製鉄所
　(2) 北九州工業地域

　(3) エネルギー革命　(4) 水俣病

2　(1) ① 北九州工業地域
　　　② 八幡製鉄所
　(2) ウ
　(3) ① Ａ 水俣病　Ｂ メチル水銀
　　　② 水俣（市）

練習問題の解説

2　(1)② 明治時代に官営の八幡製鉄所が建てられ
　　たことで，北九州は日本の重工業の中心地
　　となった。原料となる石炭や鉄鉱石が近く
　　の炭田や中国から手に入れやすいという利
　　点があった。近年は地位が低下している。

　(2) エネルギー革命後，九州地方では機械工業
　　への転換が図られ，高速道路のインターチェ
　　ンジや空港の近くに IC 工場がつくられている。

　(3)① Ｙは水俣市。化学工場が水俣湾にメチル
　　水銀を排出し，汚染された魚を食べた周辺
　　地域の人に健康被害が出た。水俣病は，三
　　重県の四日市ぜんそく，新潟県の新潟水俣
　　病（第二水俣病），富山県のイタイイタイ
　　病とともに四大公害病の１つである。

　② Ｙの水俣市は，工業化が進む中で生活環
　　境が悪化したことを反省し，環境に配慮す
　　る都市づくりを進めてきた。

3　中国・四国地方①

確認問題 ──────── 54 ページ

1　① エ　② ア　③ カ
　　④ ウ　⑤ イ　⑥ オ

2　① 地方中枢　② 過疎

練習問題 ──────── 55 ページ

1　(1) 中国山地　　(2) 四国山地
　(3) 瀬戸内海　　(4) 広島市

2　(1) ① ａ ウ　ｂ ア　ｃ イ
　　　② イ
　(2) イ

練習問題の解説

2　(1)① ａの松江は日本海側の気候で，冬の降水

11

量が多いウ。bの高松は瀬戸内の気候で，一年を通じて温暖で，比較的降水量が少ないア。cの高知は太平洋側の気候で，夏の降水量が多いイ。

② 夏の季節風は南東から吹き，四国山地にぶつかって四国山地の南側に雨をもたらす。

(2) 山陰地方や山間部の地域などでは，若い人が就職や進学をきっかけに都市部へ流出している。そのため高齢化が進み，人口が減少して，社会生活を維持することが困難になる過疎化が進んでいる。

4 中国・四国地方②

確認問題 ──────── 56ページ

1 ① イ ② エ ③ ア
④ ウ ⑤ オ

2 ① 促成栽培 ② みかん
③ 本州四国連絡橋

練習問題 ──────── 57ページ

1 (1) 促成栽培 (2) 養殖漁業
(3) コンビナート (4) 山陽新幹線

2 (1) 瀬戸内工業地域
(2) A ウ B イ C ア
D エ
(3) 山陽新幹線
(4) ① 瀬戸大橋 ② イ

練習問題の解説

2 (1) 瀬戸内海沿岸地域に広がる工業地域は，瀬戸内工業地域である。沿岸部にコンビナートが建設され，石油化学工業がさかんである。

(2) Aは広島市，Bは広島県呉市，Cは広島県福山市，Dは岡山県倉敷市（水島）である。

(4)② 本州四国連絡橋ができる前には，本州と四国とのおもな交通手段はフェリーであったため，天候が悪く海上が荒れると欠航となることもあった。本州四国連絡橋ができたことで天候を気にせず移動できるようになり，四国から本州の大都市へと買い物な

どで出かける人が増えた。いっぽうで利用者が減ったフェリーの便数が減り，かえって移動が不便になった地域もある。

5 近畿地方①

確認問題 ──────── 58ページ

1 ① ク ② イ ③ コ ④ オ
⑤ ア ⑥ エ ⑦ キ ⑧ カ
⑨ ケ ⑩ ウ

練習問題 ──────── 59ページ

1 (1) 琵琶湖 (2) 紀伊山地
(3) 阪神工業地帯
(4) 大阪大都市圏
(5) 中小工場

2 (1) A 琵琶湖 B 京都盆地
C 紀伊山地
(2) a X b Y (3) ウ
(4) イ

練習問題の解説

2 (2) aは冬の降水量が多いことから，日本海側の気候に属するXの舞鶴。bは年間降水量が多いことから，日本有数の豪雨地域であるYの潮岬。

(3) 最も出荷額の多いウは阪神工業地帯。アとイのうち，金属の割合が高いアが北九州工業地域となる。

(4) アは新潟県など北陸地方，ウは北海道，エは鹿児島県や宮崎県の農業のようすである。

6 近畿地方②

確認問題 ──────── 60ページ

1 ① 平城京 ② 平安京
③ 天下の台所
④ 阪神・淡路大震災
⑤ ニュータウン ⑥ 世界文化遺産

木曽山脈（中央アルプス），赤石山脈（南アルプス）の総称である。

(2) 新潟県は水田単作による稲の栽培がさかんなことからイ，山梨県は甲府盆地でもももやぶどうなど果実の栽培がさかんなことからウ，残るアが静岡県である。

(3) Xは渥美半島。施設を用いて光を当てることで開花時期を調整した電照ぎくの栽培がさかんである。

(4) Yは長野県で，高原で冷涼な気候を利用して，レタスやはくさいなどの抑制栽培がさかんである。

8 中部地方②

確認問題 ——————— 64 ページ

1 ① イ　　② カ　　③ ク　　④ エ
　 ⑤ キ　　⑥ ウ　　⑦ オ　　⑧ ア

練習問題 ——————— 65 ページ

1 (1) 中京工業地帯　　(2) 自動車
　 (3) 東海工業地域
　 (4) 北陸工業地域
　 (5) 地場産業

2 (1) X　北陸工業地域
　　　Y　中京工業地帯
　　　Z　東海工業地域
　 (2) ア　Z　イ　Y
　 (3) ア

練習問題の解説

2 (1) Xは北陸地方の新潟県・富山県・石川県・福井県に広がる北陸工業地域，Yは愛知県を中心に広がる中京工業地帯，Zは静岡県に広がる東海工業地域である。

(2) いずれも機械工業の割合が高いグラフである。このうち，出荷額が多いイが，日本一の出荷額で，機械工業がさかんなYの中京工業地帯のグラフ。アは，オートバイの製造がさかんなZの東海工業地域のグラフである。静岡県は漁業もさかんであることから，東海工業地域は

練習問題 ——————— 61 ページ

1 (1) 古都　　　　(2) 大阪
　 (3) ニュータウン　(4) 姫路城
2 (1) ① 奈良(市)，Z　② 京都(市)，X
　　　③ 大阪(市)，Y
　 (2) ウ
　 (3) A　京都府　　B　奈良県

練習問題の解説

2 (1) 平城京が置かれたのはZの奈良，平安京が置かれたのはXの京都，「天下の台所」とよばれたのはYの大阪。大阪は古くから商業がさかんな地域であり，現在も卸売業がさかんである。

(2) 近畿地方では民間の鉄道会社（私鉄）によって鉄道が整備され，人々が鉄道を利用して住宅地や観光地などを行き来するようにまちづくりが進められた。

(3) 近畿地方はかつて都が置かれ，政治や文化の中心地であった。中でも平城京の置かれた奈良県，平安京の置かれた京都府は国宝や重要文化財の登録数が多い。

7 中部地方①

確認問題 ——————— 62 ページ

1 ① オ　　② カ　　③ エ　　④ ウ
　 ⑤ イ　　⑥ ク　　⑦ ア　　⑧ キ
2 ① 抑制栽培　　② 水田単作
　 ③ 施設園芸

練習問題 ——————— 63 ページ

1 (1) 抑制栽培　　　　(2) 水田単作
　 (3) 日本アルプス　　(4) 信濃川
2 (1) ウ
　 (2) 新潟県　イ　　山梨県　ウ
　　　静岡県　ア
　 (3) 施設園芸農業　　(4) イ，オ

練習問題の解説

2 (1) 日本アルプスは，飛驒山脈（北アルプス），

食料品工業の割合も高めである。

(3) 北陸地方は日本海側の気候で，冬の積雪が多い。水田単作が行われているため，農家の副業として工芸品などの製作がさかんになった。

9　関東地方①

確認問題 —————— 66 ページ

1　① エ　② カ　③ ク　④ ア
　　⑤ イ　⑥ オ　⑦ キ　⑧ ウ

練習問題 —————— 67 ページ

1　(1) 関東平野　　(2) 利根川
　　(3) 東京　　　　(4) 東京大都市圏
　　(5) 昼間人口
2　(1) X　関東平野　　Y　利根川
　　(2) 関東ローム
　　(3) ① イ・ウ　　② エ

練習問題の解説

2　(3)① 昼間人口はその地域に昼間いる人の数，夜間人口はその地域に夜いる人の数。周辺から通勤・通学者が集まる地域では，昼間に人の数が増え，夜には通勤・通学者が家に帰るため，昼間より人の数が減る。

② Cは東京都。東京都は日本で最も人口の多い都道府県であり，多くの企業や学校があることから，昼間は周辺の地域から通勤・通学してくる人が多い。そのため，最も昼間人口が多く，夜間人口よりも昼間人口の多いエがあてはまる。アはAの群馬県，イはBの埼玉県，ウはDの神奈川県があてはまる。

10　関東地方②

確認問題 —————— 68 ページ

1　① ウ　② イ　③ ア
2　① 近郊農業　　② 輸送費
　　③ 印刷関連

練習問題 —————— 69 ページ

1　(1) 京浜工業地帯
　　(2) 京葉工業地域
　　(3) 関東内陸工業地域
　　(4) 近郊農業
2　(1) エ
　　(2) X　ア　　Y　イ　　Z　ウ
　　(3) ウ

練習問題の解説

2　(1) アは九州地方の鹿児島県や宮崎県，イは中部地方の愛知県，ウは中部地方の新潟県など北陸地方があてはまる。

(2) 化学工業の割合が最も高いXには，京葉工業地域があてはまる。京浜工業地帯と関東内陸工業地域はともに機械工業がさかんであるが，2つを比べて化学工業の割合が高いYが京浜工業地帯，食料品工業の割合が高いZが関東内陸工業地域のグラフとなる。内陸部に造成された工業団地には，食料品工場も多く進出している。

(3) 日本は資源を輸入にたよっていることもあり，原料や製品の輸送に便利な臨海部に工業地帯・地域が形成され発展した。その後，臨海部への工場の集中により用地が不足したこと，交通が発達したことなどを受け，内陸部へと工場が進出した。

11　東北地方①

確認問題 —————— 70 ページ

1　① ケ　② イ　③ エ
　　④ カ　⑤ キ　⑥ ク
　　⑦ ウ　⑧ ア　⑨ オ

練習問題 —————— 71 ページ

1　(1) 穀倉地帯　　(2) 奥羽山脈
　　(3) 潮目　　　　(4) やませ
　　(5) リアス海岸
2　(1) b　(2) c　イ　　d　ア

(3) A エ　　B ア　　C ウ
　　 D イ
(4) エ

練習問題の解説

2 (1) やませは夏に北東から吹く冷たい風のこと。東北地方の太平洋側で冷害を引きおこすことがある。

(2) cは山形県酒田市で冬の降水量が多い日本海側の気候，dは宮城県仙台市で夏の降水量が多い太平洋側の気候に属する。

(3) Aはりんごの栽培がさかんな津軽平野，Bは稲作がさかんな秋田平野，Cはさくらんぼの栽培がさかんな山形盆地，Dはももの栽培がさかんな福島盆地である。東北地方は日本の穀倉地帯で米の生産がさかんだが，果物の生産も多い。

(4) Zは三陸海岸で，山や谷が海に沈んでできたリアス海岸が見られる。

12　東北地方②

確認問題 ──────── 72 ページ

1 ① ウ　　② カ　　③ イ
　　④ エ　　⑤ オ　　⑥ ア
2 ① ねぶた祭　　② 七夕まつり
　　③ 竿燈まつり

練習問題 ──────── 73 ページ

1 (1) ねぶた祭　　(2) 七夕まつり
　　(3) 竿燈まつり　　(4) 伝統産業
2 (1) A ウ　　B ア　　C イ
　　(2) イ　　(3) イ　　(4) ア

練習問題の解説

2 (1) Aは青森県青森市でねぶた祭，Bは秋田県秋田市で竿燈まつり，Cは宮城県仙台市で七夕まつりが行われる。

(2) 南部鉄器は岩手県盛岡市や奥州市の伝統的工芸品である。アは青森県弘前市で津軽塗，ウは山形県天童市で天童将棋駒，エは福島県会津若松市で会津塗が伝統的工芸品としてつ

くられてきた。

(3) 伝統産業は，地域でとれるものを材料としている。

(4) 東北地方は農業がさかんなことで食料品工業が行われてきたが，交通が不便だったために，ほかの工業はあまり発達してこなかった。近年は東北自動車道が開通するなど交通が発達し，工場が進出するようになった。東北地方には，広くて安価な土地と豊富な労働力があったためである。

13　北海道地方①

確認問題 ──────── 74 ページ

1 ① カ　　② エ　　③ イ
　　④ ア　　⑤ オ　　⑥ ウ
2 ① アイヌ民族　　② 開拓使
　　③ 屯田兵

練習問題 ──────── 75 ページ

1 (1) 世界自然遺産　　(2) 濃霧
　　(3) 十勝平野　　(4) 開拓使
　　(5) アイヌ民族
2 (1) ① A 石狩平野　　B 十勝平野
　　　　② a オ　　b イ
　　　　　 c キ　　d カ
　　(2) エ

練習問題の解説

2 (1)① Aは石狩川下流に広がる石狩平野，Bは十勝川下流に広がる十勝平野である。

② Cは根釧台地で，沿岸を寒流の親潮が流れる。夏の季節風が親潮の上を吹くとき，冷やされることで濃霧が発生する。濃霧により日差しがさえぎられて夏でも冷涼なことから，根釧台地は稲作や畑作に向かず，酪農がさかんになった。

(2) 北海道地方はもともと土地や冷涼な気候が農耕に不向きであった。明治時代になって政府が開拓使を置き，全国から集まった屯田兵や移住者によって，大規模に開拓された。

確認問題 ——————— 76 ページ

1 ① オ ② サ ③ キ ④ コ
⑤ ウ ⑥ カ ⑦ ケ ⑧ ア
⑨ イ ⑩ ク ⑪ シ ⑫ エ

練習問題 ——————— 77 ページ

1 (1) 稲（米） (2) 客土
(3) 畑作 (4) 酪農
2 (1) A 石狩平野・ア
B 十勝平野・ウ
C 根釧台地・イ
(2) イ (3) 栽培漁業

練習問題の解説

2 (1) Aの石狩平野は稲作，Bの十勝平野は畑作，Cの根釧台地は酪農がさかんである。
(2) 耕地規模を見てみると，北海道地方で最も割合が高いのは10.0ha以上の耕作地である。いっぽう，都府県では1.0ha未満の耕作地の割合が多い。このことから，北海道地方では，日本の他の地域と比べて大規模経営が行われていることがわかる。
(3) 稚魚や稚貝を放流し，大きくなってからとる漁業は栽培漁業。養殖漁業の場合は放流を行わない。

第5章　身近な地域

1　身近な地域の調査

確認問題 ——————— 78 ページ

1 ① コ ② オ ③ ア ④ ク
⑤ エ ⑥ イ ⑦ カ ⑧ ウ
⑨ ケ ⑩ キ
2 ① 縮尺 ② 縮尺の分母

練習問題 ——————— 79 ページ

1 (1) 小・中学校 (2) 神社
(3) 図書館 (4) 病院 (5) 交番
2 (1) A ウ B ア C イ
D エ E オ
(2) 750（m） (3) エ

練習問題の解説

2 (1) 地図記号は建物のかたちや役割，作物のかたちなどがもとになっているものが多い。Aの小・中学校の「文」は，漢字の「文」を図案化したもの。Bの郵便局の「〒」は，昔，郵便などを扱う役所を「逓信省」といったことから，カタカナの「テ」を図案化したもの。Cの神社の「H」は鳥居のかたちを図案化したもの。Dの図書館の「Ш」は，本を開いたようすを図案化したもの。地図記号は古くから使われているもののほか，記号が変化したり，新しくつくられたりしたものもある。
(2) 地形図上の長さから実際の距離を求めるには，「地形図上の長さ×縮尺の分母」を計算する。ここでは地形図上の長さが3cm，縮尺が2万5千分の1であることから，
3（cm）× 25000 = 75000（cm）。
問題文では単位をメートルで問われているので，答えは750mとなる。長さの単位に注意すること。
(3) 地図上での方位は，特別な断りがない限りふつう北が上になる。アの病院があるのはいりあけ駅の南。イの高知城跡のある丘には，果樹園（δ）ではなく広葉樹林（Q）がある。ウの土佐電鉄伊野線は地形図の下部にあり，線路は東西にのびている。市役所の地図記号は「◎」で，北東にこうち駅がある。